U0937357

自由·代价·价值

王永昌——著

中国社会科学出版社

图书在版编目（CIP）数据

自由·代价·价值／王永昌著．—北京：中国社会科学出版社，2018.1

ISBN 978-7-5203-1176-2

Ⅰ.①自…　Ⅱ.①王…　Ⅲ.①社会主义建设—价值论—研究—中国
Ⅳ.①D616

中国版本图书馆 CIP 数据核字（2017）第 243642 号

出 版 人　赵剑英
责任编辑　喻　苗
责任校对　冯英爽
责任印制　王　超

出　　版　中国社会科学出版社
社　　址　北京鼓楼西大街甲 158 号
邮　　编　100720
网　　址　http://www.csspw.cn
发 行 部　010-84083685
门 市 部　010-84029450
经　　销　新华书店及其他书店

印　　刷　北京君升印刷有限公司
装　　订　廊坊市广阳区广增装订厂
版　　次　2018 年 1 月第 1 版
印　　次　2018 年 1 月第 1 次印刷

开　　本　710×1000　1/16
印　　张　14.75
插　　页　2
字　　数　201 千字
定　　价　65.00 元

凡购买中国社会科学出版社图书，如有质量问题请与本社营销中心联系调换
电话：010-84083683

前　言

自由、平等、博爱、民主、人权这些字眼，大概自问世以来，一直都是倍受世人宠爱的，因而它们显得十分夺目光艳。

当然，这绝不只是字眼问题，而是涉及人类存在发展和追求的最高价值或价值理想问题。正因为如此，世人为此而纷争不断，莫衷一是，不知多少人为此而抛头颅、洒热血，甚至还引发过不少军事战争。

但从总体上讲，认可自由、平等、博爱、民主、人权这类价值观的世人，还是越来越多的。人虽然肤色、历史、文化、国别不同，但毕竟同为人类，自然还是有许多共同利益和共同价值的。所以，我们人类是需要建设一个命运共同体的。当然，一涉及自由、平等、博爱、民主、人权这些范畴的具体内容以及如何实现这些问题时，世人的见解又始终是千差万别的，今后为此而发生包括战争在内的纷争，恐怕也是完全不可避免的。

好在历史发展早已昭示我们，前途是光明的，道路是曲折的。人类历史发展是一个不断文明进步的过程，但这种文明进步又是一个曲折痛苦、需要付出代价的过程。这就涉及了历史进步与历史代价这个大命题了。

其实呢，不只是历史发展、社会进步是由“代价”开辟前行通道的，人世间的任何事物的进步，恐怕都不是能凭空实现的，而总是要付出这样那样的代价后才能取得进步的。这是事物发展的普遍规律之一。

所以，我们在讨论了“自由”问题之后，很有必要继而讨论“进步的代价”问题。不过，我当年在国内理论界首次提出“代价”问题时，还尚未上升为历史发展观来论述“进步与代价”，而主要是想回应现实生活中的矛盾现象。记得20世纪八、九十年代，人们经常用“拿起筷子吃肉，放下筷子骂娘”来形容改革开放进程中出现的矛盾现象。对此，我作了些理论思考，提出了“代价论”或者说“论代价”，受到了决策高层和理论界的关注。可惜的是，后来我没有再作更深入系统的研究。

无论是“自由”还是“代价”，人们之所以纷争不休，原因自然很多，但人们所持“价值观”的不同，不能不说是其中主要根源之一。

人世间各种事物错综复杂，人们对各种事物的认识、评价更是千差万别，即便是对同一个事物、同一个事件，不同的人也常常会存在着截然不同的看法。究其原因，一个最为核心的问题，就在于人们的利益不同、“价值观念”有别。

为什么人们对社会事物的评价常常公说公有理、婆说婆有理呢？主要就是因人们评判事物的价值利益角度不同而造成的。显然，人们对自然世界的客观事实、客观规律现象，是比较容易形成共识的，也就是大家都尊重、服从这类客观真理。但对各种事物的功利意义评价、尤其是对社会领域事物的评判，通常就很难形成统一的共识了。有时候，有的人对自己认定的理想目标或者说对社会事物的发展趋向，赋予客观的“必然真理”，但有些人恰恰会认为是荒谬绝伦的“奇谈怪论”。人类历史上那些国内国际的纷争甚或军事战争，背后恐怕都是因不同的“价值利益”所导致的。即使在今天，世界上多数大国的外交关系，其友好关系的基础和“纽带”，也常常被宣称为是基于共同的价值理念。似乎建立在这类“共同价值观”基础上的外交关系，才是“牢不可破”的。这自然是有一定道理的，因为真的有了“共同利益”，便会有“共同的价值理念”。问题时，国与国之间存在着这样那样的“利益冲突”也是一种常态，所以，国与国之间的“友好关系”，总是与“不友好”的“争吵”相伴相随的。

毫无疑问，不讲清人类价值利益及价值评判的复杂关系，不明了价值评判的一般特点和规则，人们就很难形成共识。尽管人类通常都崇尚尊重每个人的不同价值观、不同的信念，但社会毕竟是一个整体，有个人利益，也有共同利益。因而人类社会也就需要有共同价值观和命运共同体。为此，一个国家或国际社会是必然要形成许多让人们共同遵守的规约、条例、法律和伦理道德的，人类也必然会在漫长的历史长河进化过程中形成使多数个体共同认同的价值和共同遵循的规则及其相应的文化心理。

因此，我们要承认价值观念这类特性存在的客观性，尊重人类价值观的复杂性、多样性，承认价值观的个体性与统一性，善于为人类和社会整体利益而求同存异。

在改革开放的当代中国，最具深刻广泛的历史变革之一，是我们提出并在实践中发展了社会主义的市场经济。这可是在中国现代化历史进程中惊天动地的大事件。发展市场经济就意味着在一定法规基础上以经济利益、经济效率为先、为重的价值准则；而我们的市场经济又是社会主义的，就意味着以公有制经济为主体、要兼顾公平正义和社会利益的“共益”价值。

这样一来，又怎样使经济利益原则与社会利益原则有机结合起来？用哲学语言来说，就是一个私利与公利、效率与公平、个体与社会、“经济人”与“道德人”、利与义的辩证统一问题，而问题的实质就在于价值观的耦合重构。

笔者有幸参与了这三十年多来中国发展社会主义市场经济的伟大实践，亲身感悟到了市场经济大潮中的汹涌澎湃，也看到了它的漩涡支流。20 世纪九十年代前后中国哲学界、理论界关于价值、义利以及物质文明与精神文明的大讨论，就是这场时代大变革在思想文化层面的真实写照。

这一切，其中的一部分已然成为历史的记忆和回望。不过我相信，只要历史在延续，时代在进步，应然的价值问题和义利之辨，正如自古以来就存在一样，今后终将还是要继续存在的，只不过内容、形式和语言会有新的变化而已。

基于此，把自己有关自由、代价、价值、义利问题的研究成果加以系统梳理，汇集成《自由·代价·价值》一书，我想，这既可以从一个侧面记录当年时代变革所激起的思潮涌动，又可以为来者回望历史、探讨未来发展提供某些铺路石子。如此说来，这不能不说是一件欣慰的事了。

是为序。

2017年1月1日

目　录

第一篇

自由的美妙

“自由”是美妙迷人的。

可以说，小到一个人的理想信念及行为追求，大到我们人类的理想信念、价值目标、社会制度，都与“自由”相关联。正因为如此，“自由”确实是个涵义宽泛、内容庞杂、异见纷纭的范畴。作为人类近现代政治文明和人文哲学意义上的“自由”，更是争议不断。有人说“自由是个好东西”，也有人讲“自由是个坏东西”。

当然，完全否定“自由”或认为“自由就是一个坏东西”的人，恐怕不会很多。“自由”毕竟意味着是人类一种十分美妙的状况。如同生了病才深深感到身体健康的重要一样，失去了自由，才会真正知道自由的价值和珍贵。

一　自由的千姿百态

可是，到底什么是自由？

这不是几句话或几篇文章所能讲清楚的。世界上恐怕最难讲清楚的事，就是“自由”了。因为如同“自由”本身一样，它的定义也有些“自由性”。

大家都知道，自由、民主、人权、平等、博爱常被西方人视为人类普遍的最高价值。然而，对这些词儿，却从来都是公说公有理、婆说婆有理的，赞成的、反对的或者名同而意不同者都大有市场。而在这几个词里，又数“自由”一词使用最广，也最难讲清其含义。当然，也许正因为如此，“自由”才被人们广泛使用，才成为世人所普遍追求的“理想价值”。

毫无疑问，作为最宽泛的并只是作为一种抽象理想愿望意义上的“自由”——不受限制、不受阻碍的人的愿望及行为，也许自人类存在以来就已经存在了，因为，早期人类很少“自由”，便会更渴望“自由”。

但是，作为广泛运用于社会、特别是作为社会政治、法律、意识形态意义上的“自由”，主要还是近现代的事。中世纪后期，随着宗教革命和西方文艺复兴运动的深入，传统宗教的影响在世俗生活中被逐渐弱化，尤其是新兴资产阶级的逐渐崛起和资产阶级革命运动的风起云涌，自由、平等、博爱、民主、人权等一批具有政治意识形态功能的“现代性”理念和概念便应运而生。自由、民主、人权等词儿不仅美妙动人，而且极具感召力、诱惑力。当然，相对奴隶制和封建贵族制的“奴役”、“人身依附”、“专制专权”来说，无论作为思想文化还是现实社会生活，人类在追求“自由、民主、人权、平等、正义、博爱”的历史进程中，确实也取得了划时代的进步。

但是，越是最具普遍抽象、美妙动听的词儿，就越具有歧义异见，越易被人们“各取所需”。“自由”一词就更是如此。

这里，我们引用一下从百度上搜索到的“自由”条目中对“自由”含义的各种表述：

“自由一词就其本意，指的是没有阻碍的状况。所谓阻碍，指的是运动的外界障碍，对无理性与无生命的造物和对于有理性的造物同样可以使用。”

“自由是一种免于恐惧、免于奴役、免于伤害和满足自身欲望、实现自我价值的一种舒适和谐的心理状态。”

“自由既有为所欲为的权利又有不损害他人的责任义务。”

“自由指由宪法或根本法所保障的一种权利或自由权，能够确保人民免于遭受某一专制政权的奴役、监禁或控制，或是确保人民能获得解放。”

“任性意义的自由。想说什么就说什么，想做什么就做什么。自由放任。”

“按规律办事意义下的自由，所谓对必然的认识和改造。”

“自律意义下的自由。康德在此意义上使用自由一词。”

“自由是人在自己所拥有的领域自主追求自己设定目标的权利。”

法国大革命纲领性文件《人权宣言》中，把自由定义为：“自由即有权做一切无害于他人的任何事情。”——《人权宣言》第4条。

在社会政治意义上讲，“自由是社会人的权利，与自由相对的是奴役。”在西方，最初意义上特别是近代以来的自由，主要是指自主、自立、摆脱强制，意味着人身依附关系的解除和人格上的独立。

“在心理学上，自由是按照自己的意愿做事。就是人能够按照自己的意愿决定自己的行为。”

“从社会学说，自由是不侵害别人的前提下可以按照自己的意愿行为。对于与他人无关的事情，是人自己的事情，那么人有权决定自己的行为。而与他人发生关系的事情，就必须服从不侵害的原则。否则，这个行为必然受到反击，至少是思想上的厌恶和不满。没有侵害他人的行为就是善行，就是自由的行为，而侵害他人的行为就是恶行，就是不自由的行为。”

“从法律讲，自由就是不违法。然而实际上更复杂，因为法律有善法和恶法之分，……在实行善法的地方，社会学的自由和法律的自由是基本一致的。而实行恶法的地方，法律是限制自由的行恶的工具了。”

“从政治方面看，自由是人们有权选择自己赞同的执政者，也有权不选择自己不赞同的执政者。”

通常讲，“自由意味着不受他人的束缚与强暴。现代民主制度的本质就是保护人们的政治自由，尊重人们的自由意识，维护人们行善的自由，并制止侵害他人的恶行。”

人们都渴求自由，追求自由，那么，究竟什么是自由呢？

从上述引文可以看出，“自由”是个含义宽泛的词儿，人们可以从不同角度和意义上使用，真可谓“千姿百态”，或者说“多彩多姿”。当然，“自由”可以像宇宙世界无边无际，甚至“虚无缥渺”，也可以像公路、航线，钉是钉，锚是锚，在确定的范围和时空来讨论，就可以有相对确定的含义的。

不过，在人类社会里，对社会事物的认知、判断、取舍又总是难以完全确定、难有完全一致共识的。怎么办呢？那就是“多数人原则”或者说“民主原则”，尽管有时候“真理在少数人手里”，但如果“多数人”形成共识，那就只好照多数人意志办。这也可以叫“人心向背”、“民意难违”，或者说“公道自在人心”。现代民主国家多数就是通过公民投票来决定执政者或者国家大事的。其中所谓的“公民公决”就是既典型又有可能玩火的“多数人原则”的生动体现。

既然自由是人的基本权利，是我们现代社会基本的文明标尺之一，而且又是那样纷纭歧见，那么，我们也就更有必要来作一番思考讨论了。当然，这种思考讨论世代都会延续下去，只要人类存在着自由和不自由，“自由”就永远是个鲜活的话题。①

二　自由三议

人们通常把“自由是必然的认识和世界的改造”作为自由的定

① 本篇前言和本节是在2016年11月1日为出版本书而补写的。特此说明。

义，并认为是毛泽东同志下的定义。但他本人并没有讲过上述论断就是自由的定义。

我们以为，从哲理的意义上讲，自由可定义为：自由是主体对客观世界和自身意志、行为的一种能动的、自主的支配能力与权利。

自由，是一个崇高而又神奇的字眼。古往今来的哲学家、思想家不知为它倾注了多少激情。他们苦苦思索，可敬可佩；他们成果累累，可歌可泣。然而，“自由”既是一个理性之谜，更是一个实践课题。因此，自由永远是个长青的问题、“永恒的话题”。这里，我们只提几个与自由有关的问题，以求教于大家。

（一）马克思主义自由观产生以前的几种自由观

就自由和必然关系的认识论范围而言，按普遍流行的传统观点，认为在马克思主义哲学产生之前，哲学史上只存在两种自由观。一种是唯心主义的绝对自由观。这种“自由观”夸大人的意志作用，否定事物的客观必然性和人对客观事物、客观条件的依赖性，把人的自由提升到恶性膨胀的地步，认为人的意志、人的行为、人的活动是能够绝对自由和随心所欲的。另一种是机械唯物主义的自由观。这种“自由观”夸大客观必然性的作用，否定人的自由，把客观必然性绝对化，认为人在客观事物的必然性面前是无能为力的，人谈不上有什么自由。这是在自由与必然关系问题上各执一端的两种学说。它们的功过得失早有定论，无须再做评说。

问题是，有些同志认为，马克思主义的自由观是历史上的第三种自由学说，在此之前的哲学史上只有上述两种自由观。对此，颇有商榷之必要。

笔者认为，有的人为了抬高马克思主义的自由观，有意无意地忽视了哲学史上这样一个基本的常识，在马克思主义产生以前，并非只有唯心主义的绝对自由观和机械唯物主义的自由观两家，而是起码有三家。另一家就是唯心主义的辩证自由观。

打开欧洲哲学史、思想史，就不难发现，在马克思主义诞生之前，许多杰出的哲学家、思想家都已经逐渐认识到自由与必然的统一关系，如培根、斯宾诺莎、孟德斯鸠、卢梭、歌德、康德和黑格尔等。斯宾诺莎提出“自由是认识了的必然”这一深刻的命题，康德把自由看作联系理性和实践的桥梁，而黑格尔则被恩格斯誉为“第一个正确地论述了自由和必然之间的关系”的哲学家。

当然，这些哲学家们的“辩证自由观”，一般地讲是建立在唯心主义基础上的，而且又不很系统和完整。但它毕竟是历史上的一种辩证的自由学说，这是不可否认的客观事实。对这种辩证的“自由观”，马克思主义运用实践的、唯物主义的观点，一方面批判和剔除其谬误之处，另一方面又吸收和改造其合理成分，从而完成了自由观上的革命变革，创立了认识论意义上的唯物辩证的自由观。

（二）自由的定义

在人类哲学史、思想史上，关于自由的定义，恐怕不计其数，汗牛充栋，各家各派，众说纷纭。至今，恐怕也找不出一个能为绝大多数人所接受的经典性定义。

马克思主义论自由，一是从认识论角度谈的，以自由和必然的关系为轴心；二是从政治学的角度谈的，以自由和约束（如法律、义务、制度、纪律的约束等）的关系为中心。从哲学高度（比认识论站得更高）讲，这两个方面的“自由”是相通的。因为它们论述的都是自由与前提、条件的关系问题，差别只是一个侧重于自然客体，一个侧重于社会客体。所以，应该下一个适合于这两个方面（也许更多方面）的全面的自由定义。然而，一直以来，“自由”二字的真正定义，我国学界很少有人去深入问津。不过，这种现象也可能与经典作家们现存的自由“定义”有关系。

在马克思、恩格斯、列宁的著作中，有许多关于自由的著名论述。但似乎没有明确地、严格地给自由下过定义。人们开始只是从《反杜林论》中恩格斯对黑格尔的“自由是对必然的认识”的肯定性评论中接受了自由的定义。后来毛泽东同志指出：“欧洲的旧哲学家，已经懂得‘自由是必然的认识’这个真理。马克思的贡献，不是否认这个真理，而是在承认这个真理之后补充了它的不足，加上了根据对必然的认识而‘改造世界’这个真理。‘自由是必然的认识’——这是旧哲学家的命题。‘自由是必然的认识和世界的改造’——这是马克思主义的命题。”[①] 毛泽东同志的这些精彩论述，无疑是对马克思主义自由学说的杰出贡献。从此，人们就把自由“是必然的认识和世界的改造”，作为“自由”的经典定义了。

但是，自由的上述定义，似乎还不能完全令人满意。首先，这一定义仅仅着眼于认识论方面，不完全适用于政治学上的自由。其次，用“认识”“改造”来界说“自由”，显然过于宽泛。再次，这一规定与其说是给自由下定义，倒不如说是自由的揭示条件（认识必然）和实现途径（改造世界）。更确切地说，它主要的不是讲自由本身是什么。复次，毛泽东本人并没有讲过上述论述就是自由的定义，相反，他明确说这是一个“命题”，命题不等于定义。最后，自由的定义应侧重于对主体自身的规定，而不应着眼于主体的外在化活动。主体的外在化活动，是主体的各种本质、能力（包括自由）的客观化表现而已。

那么，自由的真正含义是什么，应该怎样确切地定义它？笔者断断续续思索数月，仍不得其要领。但不管是对是错，不妨“兜售”出来，以抛砖引玉。

笔者认为，可以这样来界说自由的定义：自由是主体对客观世界和自身意志、行为的一种能动的、自主的支配能力与权利。真正的自由，就是主体的“能力”和“权利”的统一。离开“能力”

---

① 见《人民日报》1983年12月25日。

谈不上“自由”，没有“权利”同样也不会有“自由”。主体各种“能力”“权利”提高和扩大了，主体的“自由”也必然会向更深、更广的“境界”成正比例地提升。

笔者的这一定义，是从恩格斯的“意志自由只是借助于对事物的认识来作出决定的那种能力”[①]的诊断中受到教益的。也从马克思的“自由就是从事一切对别人没有害处的活动的权利”、孟德斯鸠的“自由是做法律所许可的一切事情的权利”[②]的论断中得到启发的。至于该如何评论笔者下的自由定义，它的根据、优点和缺点何在，笔者尚未完全理出个头绪，暂且只好作为一个存疑，容后再行探索，也盼望大家指点、批评。

（三）自由的要义

自由的要义（即自由的本质内容、核心问题）是什么？

看来这也是一个很值得探究的重要问题。过去，我们只是从自由的对立面，即客观必然性和宪法、纪律的约束等方面来阐述自由的内容。毋庸置疑，这些内容都是自由学说中的重要组成部分。但在我看来，却不是自由的本质内容、根本要义之所在；自由的要义应该是人的主体的各种能力及其发挥的问题。

大家知道，马克思恩格斯曾经预见代替资本主义旧社会的将是一个联合体，即“自由联合体”，这是共产主义条件下个人的真正联合，“各个个人在自己的联合中并通过这种联合获得自由”。他们认为，这种联合体的活动，表现为自主活动。而“这种自主活动就是对生产力总和的占有以及由此而来的才能总和的发挥”[③]。

自由的要义是人类的能力问题，马克思在下面这段话中讲得更

---

① 《列宁选集》第2卷，人民出版社1995年版，第150页。

② 马克思语见《马克思恩格斯全集》第1卷，人民出版社1956年版，第438页；董稻：《社会主义法治意识》，人民出版社1995年版，第474页。

③ 《马克思恩格斯全集》第3卷，人民出版社1960年版，第84、76页。

为明确。他说："事实上，自由王国只是在由必需和外在目的规定要做的劳动终止的地方才开始；因而按照事物的本性来说，它存在于真正物质生活领域的彼岸。"当然，在物质生产领域也有一定的自由，但"这个领域内的自由只能是：社会化的人，联合起来的生产者，将合理地调节他们和自然之间的物质交换，把它置于他们的共同控制之下，而不让它作为盲目的力量来统治自己；靠消耗最小的力量在最无愧于和最适合于他们的人类本性的条件下来进行这种物质变换。但是不管这样，这个领域始终是一个必然王国。在这个必然王国的彼岸，作为目的本身的人类能力的发展，真正的自由王国，就开始了"。因此，按照马克思主义的观点，自由的立足点和本质性内容，就是关注于、着眼于如何提高和充分发挥人的能动的、自主的能力问题。只有以发展这种人类能力为目的的领域，才是真正的自由王国。

当然，人类要想获得和提高对客观世界、自我意志、行为的、能动的、自主的支配能力和权利，无疑离不开改造世界的实践活动和对客观世界的规律性认识。

由此看来，最一般意义上的、真正的自由观，应该着重于对人类主体自身各种能力、权利的反思和研究。自由的真正要义和本质内容，应该是探讨主体的各种能力（如自我意识、自我控制、自我调节的能力，认识和改造世界的能力，对社会责任和权利的反省、遵守、使用的能力，等等）的性质和程度这类问题。在这方面，我们应该继承和发展马克思恩格斯在自由观上的精神遗产，去系统、完整地建立起一门比认识论和政治学意义上更高、更一般的哲学意义上的马克思主义自由学说。[①]

---

① 原载文汇报《内部探讨》1987年4月。

三 我们应坚守什么样的自由观

自由是崇高和美好的。从一定意义上讲，人类艰难曲折的发展史，就是人类向往自由、追求自由、争取自由和不断开辟自由之路的奋斗史。人类实践和社会发展每向前迈出一大步的时候，“自由之谜”就被推到人们的面前，成为时代的课题，召唤人们去思考和求解。

（一）“自由”问题上的两种错误倾向

在对待社会主义“自由”问题上，一直存在两种片面的观点和态度：一种是对社会主义自由的积极意义认识不足，或者把资本主义社会看作“自由世界”，而误认为“自由”是资产阶级的“专利品”，对社会主义的自由噤若寒蝉而不敢问津；另一种是把我们不赞成简单地套用“自由”“平等”“博爱”之类的口号，批判资产阶级自由化，就误认为我们是不赞成自由的，或者把现实中的无政府主义和自由化现象，误认为是实行“自由”的结果。而有一些人却走向另一个极端，认为我们实行改革、搞活和对外开放政策，就应向资本主义“自由”看齐，要求什么“绝对自由”，“完全自由”，鼓吹无条件、无原则、无限制的“自由”，有的甚至提出要引进一个资本主义的“自由世界”。

上述在社会主义自由问题上的前后两种态度，从表现形式和得出的结论看，似乎是截然相反的，但其实质则是殊途同归。从产生的认识根源讲，都是对自由缺乏科学、全面的理解，都误以为自由就是无拘无束，就是随心所欲，就是为所欲为，就是“自己支配自己”，“自己服从自己”。

自由问题上的种种糊涂观念，除了极少数人对四项基本原则和社会主义事业怀有偏见外，多数同志主要是对马克思主义的自由观缺乏科学、全面的了解，以致被各种错误的、似是而非的或西方的一些时髦的“自由观”所迷惑。

因此，有必要用马克思主义自由观的基本观点，去分析和批判这些错误的“自由观”，克服“自由观”上“左”的和“右”的偏差。

（二）需要科学界定自由的含义

毫无疑问，人们怎样对待自由，怎样追求自由，是与人们对“自由”含义的理解有着直接关系的。因此，认真地探讨一下自由的本质，科学地规定自由的含义，不是没有意义的。

从方法论角度讲，要科学地规定自由的含义，必须坚持在实践基础上的主体与客体的统一。在思想史上，自古以来就存在两种极端的“自由观”：宿命论和唯意志论。

“宿命论”的自由观认为，一切事物都按其固有的本性产生和变化，在自然界中一切都是严格地被因果性所决定的，人在客观事物的必然性和因果性面前，是无能为力的，而且，人自己的行动也同样被严格的因果性制约着，人在某时的某种行为或做的某件事，都是先前发生过的事情的必然结果。

与宿命论的“自由观”相反，唯意志论的“自由观”则夸大了人的意志作用和能动作用，夸大了主体人的自主性和独立性，否定事物的客观必然性和制约性，无视主体对客体的依赖性，把人的自由提升到了恶性膨胀的地步，认为自由可以摆脱客体环境的束缚；自由就是“自我设计”“自我创造”“自我选择”“自我做主”。鼓吹人的意志、人的行为、人的言论、人的活动是可以绝对自由、可以随心所欲的。

唯意志论的“自由观”和机械宿命论的“自由观”之所以陷入荒谬的泥潭而不能自拔，主要原因是由于它们没有从社会实践活动和主体与客体相统一的观点，去把握“自由”的本质和意义。

同样，把“自由”仅仅看作“人为”的，也犯了上述方法论的错误。有一种观点认为：政治自由、社会自由是“指一定社会允许个人自由到什么程度”，而这种“允许”的程度“基本上是人为的”。这种观点虽然不能说是完全错误的，但其片面性也是显而易见的。论者片面地强调了“自由”的主体性和人为性，而忽视了“自由”的客体性和“非人为性”。其实，任何自由无论是人对自然的自由，还是人对社会的自由，只要是人的自由，都有“人为”的因素。但不能由此任意放大自由的“人为”因素，把自由完全归结为“人为”的东西，或“基本上是人为的”。从主体与客体辩证统一的角度看，人的自由是“人为”与“非人为”的统一，“人为”是以“非人为”为基础的。

由此可见，如果只从自由的客体性出发而无视自由的主体性，或者只从自由的主体性出发而无视自由的客体性，都只能导致“宿命论”的自由观或唯意志论的自由观。只有坚持主体和客体在实践基础上的历史的、社会的、辩证的统一，才能科学地规定自由的定义和把握自由的本质。马克思主义对“自由”的规定，就是建筑在这种主体与客体相统一的基础上的。

这里还必须澄清一种流行的误解：认为“自由是对必然的认识和对世界的改造”，就是马克思主义对自由的经典性定义。其实不然，我们认为，在马克思、恩格斯和列宁的著作中，虽然有许多关于自由的著名论述，但似乎还没有明确地、严格地给自由下过普遍性的定义。开始，人们是从《反杜林论》中恩格斯对斯宾诺莎、黑格尔的“自由是对必然的认识”的肯定性评价中接受“自由”的这一定义的。后来，毛泽东同志进一步阐述了马克思主义的自由学说，指出：“欧洲的旧哲学家，已经懂得‘自由是必然的认识’这个真理。马克思的贡献，不是否认这个真理，而是在承认这个真理之后补充了它的不足，加上了根据对必然的认识而‘改造世界’这个真理。‘自由是必然的认识和世界的改造’——这是马克思主义的命题”[①]。从此，人们就把“自由是对必然的认识和对世界的改造”作为自由的经典定义了。毛泽东这一精彩的论述，是对马克思主义自由学说的重要贡献。

但是，首先，毛泽东本人并没有讲过这一论述就是自由的定义，相反，他明确讲这是一个“命题”，而命题不等于定义。其次，用“认识”和“改造”来肯定“自由”，显然过于宽泛而不够确定。因为，并不是所有的“认识”和“改造”活动都是“自由”的活动；人们的行为和活动并不仅仅只服从于“必然”“规律”的事实性原则，同时还须取决于人的价值和人的意志等主体性原则。最后，与其说这一论断是给自由下定义，倒还不如说是揭示实现自由的条件和途径（通过认识必然和改造世界）更确切些。

近年来，有不少学者把自由定义为“主体与客体的统一”。正如我们上文所说，从主体与客体的关系角度来规定自由的实质，在方法论上是可取的。因此，这种努力在方向上是正确的。但是，对自由含义的规定如果仅仅停留在这一步是远远不够的。因为，“主体与客体的统一”过于抽象、概括和空洞，它并没有揭示出自由本身到底是什么，也没有具体地告诉人们主体与客体相互统一到底是一种什么样的“统一”。事实上，并不是所有的主体与客体的统一都算得上是“自由”的，主体与客体的统一有建设性的统一，也有破坏性的统一；有积极性的统一，也有消极性的统一；有合理的统一，也有不合理的统一；有“崇高”的统一，也有“低级”的统一；有“外在”的统一，也有“内在”的统一；有“多样性”的统一，也有“单一性”的统一；等等。因此，对“主体与客体的统一”本身还必须做更具体的分析和确定的界说。

那么，主体与客体之间什么样的统一才是“自由”的呢？我认为，所谓自由，就是在认识世界和改造世界的实践活动的基础上，

---

① 见《人民日报》1983年12月25日。

人们通过积极地摆脱和克服自然、社会、人自身客体的外在束缚，使主体与客体之间达到的一种真、善、美的和谐境界和辩证的统一。或者可以更简单地下一个定义：自由是主体与客体之间真、善、美的和谐统一。主体与客体达到真、善、美的统一，才是“自由”的；主体与客体达到这种统一，才是建设性的、积极的、合理的、崇高的、内在的、多样的、美好的。也只有这种统一，才真正值得人们去向往，去追求，去争取，去奋斗。违背主体与客体之间“真善美”和谐统一的尺度的言论和行为，不但不能得到真正的“自由”，反而是对美好自由的践踏和破坏。当然，“真善美”及其它们的统一，也是相对的、具体的，有其历史性、社会性和变动性，这是不言而喻的。

我们把自由的含义规定为是主体与客体之间真、善、美的和谐统一，是不是对自由的界说已经达到十分具体和丰富的程度了呢?不是的。这一定义所包含的意义和内容，虽然比“主体与客体的统一”要具体和丰富得多，但还是比较一般和概括的。而且，自由的定义，还不等于是自由观，更包括不了整个自由观的所有内容。但是，主体与客体之间真善美统一的自由定义，则是马克思主义科学自由观的出发点和归宿点，是马克思主义科学自由观的“基本问题”和整个学说的“基本线索”。从原则上讲，马克思主义科学自由观的基本思想，都是围绕“主体与客体之间真善美的统一”这个基本线索而“旋转”的。

（三）马克思主义自由观的基本思想

马克思主义有没有自己的自由观？如果有，它的基本思想主要包括哪些方面？对此，人们有着不同的认识和答案。

“马克思主义与自由”，“社会主义与自由”，这类问题一向是西方资产阶级学者喜欢做文章的题目，他们攻击马克思主义和社会主义“反对自由”，尤其是“反对个人自由”的；污蔑马克思主义、社会主义就是“专政”“专制”。这完全是一种恶毒的诽谤。其实，马克思主义创始人一贯珍视自由，甚至把“自由”作为自己整个学说的核心，认为人们自由发展的程度是社会发展的基本标尺。1894 年，当朱泽培·卡内帕要求恩格斯找一段能够概括地表达马克思主义基本思想的题词时，恩格斯回信明确地说：“除了从《共产党宣言》中摘出下列一段话外，我再也找不出合适的了，‘代替那存在着阶级和阶级对立的资产阶级旧社会的，将是这样一个联合体，在那里，每个人的自由发展是一切人的自由发展的条件。’”①

在马克思、恩格斯看来，自由在社会主义和共产主义社会里将比资本主义社会得到更多、更充分、更全面的发展。正因为自由学说已融化于马克思主义整个学说之中，并占据着核心地位，所以我们可以说，马克思主义学说建立的过程，同时也是马克思主义自由观的形成过程。

当然，马克思主义自由观绝不是凭空杜撰的产物，它是建立在对自然、社会和人类自身发展客观规律的深刻认识基础上的，同时也是对前人自由观批判继承的结果。而且，马克思主义自由观和整个马克思主义学说一样，在它产生之后，又不断地得到新的丰富和发展。

以下，笔者仅就马克思主义自由观的主要思想和基本思路做一个概括性的分析。

四　我们的哲学自由观

（一）自由是自然、社会和人自身的统一

在马克思主义自由观产生之前，各种自由学说或只从“自然”

① 《马克思恩格斯全集》第 39 卷，人民出版社 1974 年版，第 189 页。

方面，或只从“社会”方面，或只从“个人”方面孤立、片面地去说明“自由”。它们往往离开具体的社会条件和社会实践活动，或把自由归结为“神”的恩惠，或认为自由是人的“天赋”，抽象、静止和唯心主义地把握“自由”。

与此不同，马克思主义要求自己站在社会历史条件和劳动人民实践的现实基础上，从主体与客体，人与世界的全面、发展的关系这一哲学基本问题的角度，去说明和把握“自由”。这是因为，真正现实的自由，绝不是“上帝的恩赐”和“天赋的人权”，而是作为主体的人类自己在社会实践活动中创造出来的。马克思指出：“全部所谓的世界历史只不过是通过自己的劳动作出的创造。”① 而人的劳动和创造的特性，“恰恰就是自由的自觉的活动”②。但是，人的劳动和创造活动，一是“人和自然之间的过程，是人们自身的活动来引起、调整和控制人和自然之间的物质交换的过程”③。二是“为了进行生产，人们便发生一定的联系和关系；只有在这些社会联系和社会关系的范围内，才会有他们对自然界的关系，才会有生产”④。三是主体人同自身的关系，是人的体力和智力支出、消耗的过程。当然，这三个方面的关系不是彼此孤立的，而是同一个过程的三个侧面。主体人和自然的关系在社会关系中才能存在和实现：“社会是人同自然界的完成了的本质统一。”⑤ 而“人同自身的任何关系，只有通过人同其他人的关系才得到实现和表现”⑥。

正是在主体同自然、同社会、同自身的现实活动的全面关系中，自由才得以产生、实现和发展。仅仅奢谈某一个方面的自由是片面的、不现实的。在马克思看来，自由就是做自然、社会和自身

① ［德］马克思：《关于人的学说的哲学探讨》，人民出版社 1982 年版，第 19 页。

② 《马克思恩格斯全集》第 42 卷，人民出版社 1979 年版，第 96 页。

③ 《资本论》第 1 卷，人民出版社 1975 年版，第 201—202 页。

④ 《马克思恩格斯选集》第 1 卷，人民出版社 1972 年版，第 362 页。

⑤ 《马克思恩格斯全集》第 42 卷，人民出版社 1979 年版，第 122 页。

⑥ 同上书，第 98 页。

的“主人”。主体人在自然、社会和自身的三者关系中所实现“主人”的地位和“主人”的程度，就是自由发展水平的标尺。这种“主人”地位和“主人”程度，是随着社会实践的发展而不断“提升”的。恩格斯认为，只有到了共产主义社会，才能做完全的“主人”，那时，“人终于成为自己的社会结合的主人，从而也就成为自然界的主人，成为自己本身的主人——自由的人”①。

（二）自由是自主性和约束性的统一

马克思主义的自由观，既反对认为在事物的因果性、必然性面前无所作为的宿命论观点，又反对认为人和人的精神可以随心所欲地改变、创造事物的唯心论观点。它积极地扬弃了上述两种观点，深刻地揭示了自由的实质之一，是人的自主性和约束性、能动性和受动性的统一。

“自由”一词源于拉丁文的 Liberas，本意指从被束缚中解放出来，从受动中摆脱出来。在日常生活中，自由的一般意义也被理解为对束缚的摆脱，泛指人们不受约束地、能动地活动。但我们不能由此把“自由”理想化和绝对化，认为自由就是摆脱一切束缚。这样理解显然是片面和不现实的。其实，人的能动性与约束性、自主性与受动性、自由与束缚是辩证统一的。自由总是相对“束缚”“约束”而言的。没有“自由”也就无所谓“束缚”，反之，不存在“束缚”也就等于不存在“自由”。古往今来，从来就不存在离开自由的“束缚”和离开束缚的“自由”。

自由来自主体人与自然、与社会、与自身的三维时空结构的动态关系，束缚也恰恰来自主体人与自然、与社会、与自身的三维时空结构的动态关系。这是自由的肯定和否定的统一。

首先，从主体人和自然关系看，人作为自然界的产物，是自然

① 《马克思恩格斯选集》第 3 卷，人民出版社 1972 年版，第 443 页。

界的一部分；人只有不断地同自然界进行物质交换，才能生存和发展；人的活动必须遵循自然界的运动规律，才能获得预期的效果。恩格斯指出："我们连同我们的肉、血和头脑都是属于自然界，存在于自然界的，我们对自然界的整个统治，是在于我们比其他一切动物强，能够认识和正确运用自然规律。"① 人永远不可能离开自然界或摆脱自然界的运动规律的制约而自由自在地独立。这就是人在自然方面的制约性和受动性，人是"受动的自然存在物"。但人又具有意识性、能动性和创造性，能正确地认识和运用自然规律，他"是有自然力、生命力、是能动的自然存在物"②。

因此，人，既是一个受动的自然存在物，又是一个能动的自然存在物。人的制约性和受动性，表明人的自由受到自然界条件的规定，而人的能动性和自主性，又表明人在自然界面前不是无所作为的，人的自由取决于人类自己的实践创造。

其次，从主体人和社会关系看，人也是能动与受动、自由与约束的统一。这是因为，社会的发展也存在着不以人的意志为转移的客观规律，人们的活动和行为受到社会规律和人们之间各种社会关系的制约。就社会发展的历史纵向时态讲，人"一方面在完全改变了的条件下继续从事先辈的活动，另一方面又通过完全改变的活动来改变旧的条件"③。就社会发展的现实的共时态讲，人们普遍受制于社会的生产关系、经济关系、政治关系、法律关系、道德关系、家庭关系等。这些社会关系是人类在社会活动中逐渐形成的，同样具有某种必然性。但这些社会关系又是可以有目的、有意识和合乎理性地加以改变的。

因此，人作为社会存在物既是自由的、自主的、能动的，又是受动的、受制约的。自由是人类自己创造的，一方面"人们自己创

---

① 《自然辩证法》，人民出版社 1972 年版，第 159 页。

② 《马克思恩格斯全集》第 42 卷，人民出版社 1979 年版，第 167 页。

③ 《马克思恩格斯全集》第 3 卷，人民出版社 1956 年版，第 51 页。

造自己的历史”；另一方面“他们并不是随心所欲地创造，并不是在他们自己选定的条件下创造，而是在直接碰到的、既定的、从过去承继下来的条件下创造”。[①]

最后，从人自身来说，人的活动，一方面受到自己肉体、体力、智力、精力、认识能力和实践能力的限制；另一方面又可以克服这些限制或借用某些“外界力量”来弥补自身的限制。人，一方面是由自然物质构成的动物；另一方面又是有意识、有情感的社会性动物；人，在客观事物和客观规律面前，一方面必须承认它、认识它、顺从它；另一方面又可以利用它、选择它，创造出合乎人自身要求的新事物。人自身同样也是自由与束缚、自主与制约、能动和受动的统一体。

人的自由是对自然的自由、对社会的自由和对自身的自由的统一，就是遵循自然规律、社会规律和人自身的发展规律，去发展自己的环境；去合理地改变社会，去完善自己的“人性和德性”，去自己创造自己的历史。

当然，我们也没有必要对“束缚”“受动”无原则地加以美化和理想化。合理的、科学的、积极的必然性，法律、纪律、规章、伦理规范等束缚，不但不是对自由的限制和否定，相反，恰恰是自由的前提和自由的体现，维护和遵循这类“束缚”，实际上也就是维护和实现自由。用卢梭的话说，这类“束缚”，是“光荣的束缚”，是“温和而有益的束缚”。用恩格斯的话说：“人对一定问题的判断愈是自由，这个判断的内容所具有的必然性就愈大。”用歌德的话说：“如果他敢于宣称自己是受限制的，他就会感到自己是自由的。”

但是，还有另一种不合理的、不正义的、有害的、消极的、外在的“束缚”，如自然界的“盲目的必然性”，阻碍社会生产力发

---

① 《马克思恩格斯选集》第1卷，人民出版社1972年版，第603页。

展的过时的生产关系、体制、法律、规章、愚昧落后腐朽的思想意识、陈规旧习，等等。这类“束缚”是对“自由”的束缚，是人们必须努力去克服和摆脱的束缚。

因此可见，自由是人的自主性、创造性、能动性和制约性、受动性的统一，是对合理的束缚的确立和对不合理束缚的摆脱的统一。

（三）自由是认识世界和改造世界的统一

人们是怎样争取和获得自由的呢？旧唯物主义者只从“直观”的形式去理解，或得出机械决定论的因果性的“无为”观点，或得出“天赋人权”的结论；而唯心主义者往往只从“主观”的方面去理解，或认为自由是“神”“上帝的本性”，或认为自由是“精神意志”的产物。

马克思主义则把自由理解为人们认识世界和改造世界的必然结果。自由既和主体人有关，又和客体对象有关，而主体与客体的统一，就是在人们认识世界和改造世界的实践活动中实现的。人们认识世界和改造世界的历史发展过程，也就是人类自由发展和实现的过程。

正是在认识世界和改造世界的实践活动中，“人”才能成为人，成为主体，并且不断地进化。人的思维大脑，人的语言，人的劳动器官，都是劳动实践的产物；人同动物的最本质的区别（即动物仅仅利用外部自然界，而人则能够改变自然界为自己的目的服务），同样是由劳动实践造成的。我们面对着的人化的自然界，我们生活其中的社会，我们自身的发展和进步，都应该归功于我们的实践活动。人和自然，人和社会，人和自身的关系及其统一，归根到底也就是实践着的人和人的实践活动本身。

所以，自由既不是本能地属于人的一种属性，也不是外在于人、独立于人的一种属性，而是属于人的一种实践特性。离开了主体人，及其认识和改造世界的社会实践活动的“自由”，是虚无缥缈的幻想。正是从自由的实现过程、自由的实现途径、自由的实现形式，及其自由实现过程的两大环节的意义上，马克思主义认为，“自由是在于根据对自然界的必然性的认识来支配我们自己和外部自然界”①；“自由是必然的认识和世界的改造”（毛泽东语）。正因为自由是认识世界和改造世界的统一，所以才有主体与客体的历史统一，才有“自由”的丰富和发展，才会有“文化上的每一个进步，都是迈向自由的一步”②。

（四）自由是主观与客观的统一

主观和客观的统一，是主体与客体统一的一个重要组成内容，自由作为主观和客观的统一，主要从主观因素和客观条件的关系角度揭示自由的实现过程。

自由实现的主观因素主要有：自由作为崇高、美好的理想，作为人类把握世界的标志，它可以化为人们积极向往，执意追求的热烈激情和主观目的；自由的实现过程离不开人们主观能动性的发挥和努力刻苦的坚强意志；自由的目的和功能，在于最大限度地调动人的活动积极性、主动性和创造性。因此，自由的实现是离不开人们的主观因素和主观努力的。

但是，自由的实现不但需要人的主观努力，而且更需要有社会的客观条件。自由实现的客观条件主要表现在：自然、社会和他人的存在及其客观规律（这一点我们在前面已经论述过）；一定的社会经济、政治和思想意识形态的制度；社会的生产力发展水平，经济和物质生活条件；社会的科学技术发展水平和文化知识水平；一个社会和民族既定条件下的传统文化、传统心理和传统规范；等等。人们所能实现和应有的自由、民主权利，归根到底取决于社会

---

① 《马克思恩格斯选集》第3卷，人民出版社1972年版，第154页。

② 同上。

的经济文化发展水平。

在我国，由于在经济、政治和意识形态上坚持社会主义，坚持党的领导，坚持人民民主专政和马列主义毛泽东思想，从而为广大劳动人民享有充分的自由和民主权利打下了坚实的基础。但是，我国现阶段还处在社会主义的初级阶段，我们的社会生产力水平还不高，经济政治的管理体制还有不少缺陷，全社会的科学、技术、文化也比较落后。这种情况又决定了我国人民现阶段的民主、自由不能不受到客观条件的限制。

因此，人们在自由面前，在实现自由的过程中，既要积极发挥自己的主观能动作用，又要面对我国的基本国情及其客观条件；既要主观努力，又要立足现实；既要做一个理想主义者，又要做一个现实主义者；既不能脱离现实许可的客观条件去奢谈“自由”，又不能满足于现状，陶醉于现状，以“条件不成熟”为借口，限制合理的自由和民主权利，静止地、僵化地看待客观条件。

我们必须努力做到主观和客观的统一，脚踏实地，扎扎实实地把我们的自由一步步地推向更高的境界。这就是从“自由是主观和客观的统一”中所得出的科学结论。

（五）自由是权利和能力的统一

自由的社会表现和社会认可就是“自由的权利”。

凡是不妨碍他人和社会利益的言论和行为；社会法律、章程、伦理等规范许可的言论和行为，都应属于“自由权利”。

在我国，宪法规定人民享有各种应有的基本的自由和民主权利。要实现这些自由和民主权利，除了同时必须承担相应的义务和遵守相应的“束缚”“规范”外，主体自身还必须具备相应的实现能力。

就各个具体的主体来说，社会所赋予的自由和民主的权利，只是作为一种可能性而存在的。要想正确、充分地享受和支配自由的权利，就必须具备能够享受和支配这种权利的能力。没有权利就无所谓“享受”和“支配”；而要把社会和法律赋予主体的自由权利变成现实，就相应地需要主体自身也提供现实的保障条件。在同样客观条件和自由权利面前，主体自身素质和能力的高低，他们对自由权利的享受和运用是有差异的。

所以，对个体来讲，应着眼于提高自身的素质和能力。人的素质和能力是丰富的，它包括人本身的自然体力、认识能力、实践能力、主体对自身行为和心理起控制调节作用的意志、情感能力等。人们享受和支配自由权利的活动，就是主体相应能力的运用和发挥的过程。正如费尔巴哈指出：要获得自由，就必须发展自己的能力，因为“自由不在于开始的可能性，而在于结束的能力”，自由并不是“自愿地做一个呆子”的人的权利。[①] 恩格斯说得更明白：“意志自由只是借助于对事物的认识来作出决定的那种能力。”[②] 马克思甚至说：发展“人类能力的领域”，才是“真正的自由王国”[③]。

现实的自由，是社会权利和主体能力的统一。主体各种能力丰富、提高和扩大了，主体的“自由权”、“自由度”也必然会向更深、更广的境界成正比例地提升。因此，主体应该重视自身的修养，提高自身的素质，培养和发展自身的智力和实践能力。

（六）自由是全人类性和阶级性、无国界和有国界的统一

如果我们从更大的时空（历史和世界）角度来考察主体与客体的关系，那就可以发现，自由是全人类性和阶级性（人群性）、世界性和民族性、无国界和有国界的统一，也就是普遍和特殊的统一。

---

① 《费尔巴哈哲学著作选集》上卷，商务印书馆 1984 年版，第 89 页。

② 《马克思恩格斯选集》第 3 卷，人民出版社 1972 年版，第 154 页。

③ 《资本论》第 3 卷，人民出版社 1975 年版，第 963 页。

自由的内容是丰富多样，而不是抽象单一的。作为人类改造自然、改造社会和改造自身的积极成果的自由，反映了事物发展的客观规律性和人类的共同利益，因而具有科学性、无阶级性、普遍性和全人类性，是各个国家、各个民族、各个社会的全人类的共同财富。人类创造的高度发展的物质文明和精神文明，就是全人类性的普遍自由的积极优秀的忠实记录和现实体现。但是，生活于现实社会关系中的人们，在认识世界和改造世界的过程中，在从事物质生活、政治生活和精神生活的过程中，在争取和实现自由的过程中，并不是完全“统一意志”、绝对“平等”的。特别是反映和体现人与人之间关系的社会自由，政治自由和言论自由的内容，以及自由的实现方式，都具有明显的社会性、阶级性、民族性和国界性。这是自由的特殊性质。比如，古代人曾经认为“有人当奴隶有人作奴隶主”是正义的、善的、自由的权利。再比如，资产阶级标榜资本主义社会是“平等、自由、博爱”的“自由世界”，但是，资本家总是把富人发财的自由和工人出卖劳动力的自由叫作“自由”。因而，对于无产阶级和广大劳动人民来说，“任何自由，如果它同劳动摆脱资本压迫的利益相抵触，那就是骗人的东西”[①]。在存在私有制、阶级压迫和阶级剥削的社会里，一个阶级的自由总是意味着另一个阶级的不自由，剥削阶级和统治阶级的自由，必然意味着大多数劳动人民的不自由，这就是自由的社会性和阶级性。而各个国家、各个民族由于社会生产、科技和文化发展不平衡性；所处的自然地理环境的不同；历史上形成的价值观、宗教信仰和文化传统上的区别，也决定了它们对自由的理解，对自由权利的界定，对自由的表现形式，以及实现自由的行为方式上，具有显明的“国界性”和“民族性”。在这个国家和民族被认为合情合理的“自由”，在另一个国家和民族则可能被视为大逆不道的“禁忌”。这种现象在

① 《列宁全集》第29卷，人民出版社1985年版，第316页。

任何一个社会和任何一个历史阶段都会或多或少地客观存在着。

因此，作为多样统一的自由整体，在存在着阶级差别，人群差别的社会里，它必定是全人类性和阶级性（人群性）、有国界和无国界、普遍性和特殊性的统一的。马克思当年在深入研究了资产阶级的“出版自由”后发现：自由具有两重性，它“有时表现为特权，有时表现为普遍权利”①。这就告诉我们，对自由必须做历史的、社会的、阶级的和民族的具体分析，必须结合本国、本民族的特点，批判地继承和借鉴历史上的、外国的“自由”理念或做法。在“自由和民主权利”上不顾国情，搞什么“全盘西化”，是和马克思主义自由观背道而驰的。

（七）自由是有限与无限的统一

用实践的、辩证的观点来看，自由和自由的实现是有限和无限的统一。

说自由是有限的，这是因为，人们只能在一定的社会条件、客观条件和主观条件下进行认识世界和改造世界的活动；在一定时空的条件下，人类自身的能力和潜能是有限度的。马克思主义认为，人类自身的生产、人类的认识能力和实践能力具有“非至上性”，“人完全可以认识这个世界和这些规律，但是永远不能够彻底地认识它们”。② 人也完全可以改变这个世界和利用这些规律，但是永远不能够彻底改变无限的宇宙。爱因斯坦对人的知识的有限性和无限性曾有个绝妙的比喻。他说：人的知识好比一个圆圈，圆圈的外面是未知的事物，圆圈越大，他面临的未知事物也就越多。“知识”如此，“自由”又何尝不是如此呢。所以，一定社会的人们所能获得和实现的“自由度”“自由权”，具有“非至上性”和有限性。

但是，马克思主义同样认为，人类是可以通过世代更迭而近似

① 《马克思恩格斯全集》第1卷，人民出版社1960年版，第63页。

② 《列宁选集》第2卷，人民出版社1972年版，第191页。

无限存在的；人类的认识能力、实践能力是可以近似无限发展的；人类认识世界和改造世界的科学知识是可以近似无限积累的；人类认识和改造世界的客观条件、物质手段，是可以近似无限丰富的。所以，随着社会和人类不断地向世界的深度和广度进军，人的“自由度”会不断地被拓宽，人的“自由权”会不断地被扩大。自由不是什么“永恒的人类本性”，而是人类历史发展的产物。确实，“最初的从动物界分离出来的人，在一切本质方面是和动物本身一样不自由的；但是文化上的每一个进步，都是迈向自由的一步”①。

自由的获得和实现是一个发展的历史过程。“人类历史，就是一个不断地从必然王国向自由王国发展的历史。这个历史永远不会完结。”②

因此，我们既是“自由的人”，同时又是“不自由的人”，是“自由人”和“非自由人”的统一；我们已经、正在和不断地摆脱外在的、不合理的“束缚”，同时又是不断地确立内在的、合理的“束缚”，是摆脱“束缚”和确立“束缚”的统一；自由是有条件的、相对的、有限的，又是无条件的、绝对的、无限的，是有限和无限的统一。

自由永远表现为一个从有限的自由向更充分、更丰富、更全面的自由发展的过程。这个发展过程永远不会完结。

（八）“自由王国”——马克思主义自由观的最高境界和历史使命

正如马克思本人是革命的、实践的理论家一样，马克思主义的自由观也具有强烈的革命性、实践性。马克思主义不是在书斋里空谈自由，而是具有崇高的革命理想和伟大的历史使命的。这就是马克思主义所追求的“自由王国”。

---

① 《马克思恩格斯选集》第3卷，人民出版社1972年版，第154页。

② 《毛泽东语》，《红旗》1965年第1期。

所谓“自由王国”就是共产主义社会。马克思、恩格斯科学地预见到代替资本主义社会的将是一个“自由联合体”的社会，即社会主义和共产主义社会。在马克思、恩格斯看来，“自由联合体”就是在共产主义条件下个人的真正联合，每个人的全面、自由的发展，人们自己做自己社会、自然和自身的主人，做自由的人。这是共产主义社会的一个基本原则。

马克思主义“自由王国”理论的基本内容，除了阐述“自由王国”的使命是实现共产主义社会之外，还论证了实现“自由王国”的条件。这主要有以下几个方面：

第一，从人与人、人与社会的关系看，实现“自由王国”的条件是消灭私有制和剥削阶级，为社会达到“自由联合体”提供经济和政治的制度保证。马克思认为，在私有制和阶级对立的社会中，个人也要“联合”成“集体”和“阶级”。但“由于这种集体是一个阶级反对另一个阶级的联合，因此对于被支配的阶级来说，它不仅是完全虚幻的集体，而且是新的桎梏”。只有消灭了私有制和阶级对立的共产主义社会，个人与社会才能达到统一，组成真正的集体和“联合体”，而“在真实的集体的条件下，每一个人在自己的联合中并通过这种联合获得自由”①。代替存在着阶级和阶级对立的资产阶级旧社会的共产主义新社会，由于消灭了阶级的对立，人们消除了根本利益的冲突，因而人们可以组成一个“自由的联合体”，“在那里，每个人的自由发展是一切人的自由发展的条件”。②

实现“自由王国”的另一个社会条件是：人们对社会发展客观规律的正确认识和运用，使社会服从自己。正如恩格斯指出：在共产主义社会“人们自己的社会行为的规律……那时就将被人们熟练地运用起来，因而将服从他们的统治。人们自己的社会结合一直是作为自然界和历史强加于他们的东西而同他们相对立的。现在则变

---

① 《马克思恩格斯选集》第1卷，人民出版社1972年版，第82页。

② 同上书，第273页。

成他们自己的自由行动了……这是人类从必然王国进入自由王国的飞跃”[①]。这就是说，只有在共产主义社会中，人们才真正成为社会的主人，社会发展规律才被人们在“相当高的程度上所掌握，并转化为人们自由自觉的活动”。

第二，从人与自然的关系讲，实现“自由王国”的条件是：深入全面地认识自然界的发展规律，大力提高科学文化知识水平；积极改造自然，大力发展物质生产，创造出丰富的物质产品；合理地调节、控制人与自然的关系。人对自然的自由，“是在于根据对自然界的必然性的认识来支配我们自己和外部自然界”[②]。只有共产主义社会里的人们，才能真正成为自然的主人，才能实现人对自然的“自由”，由于生产力的高度发展，由于科学技术高度发展，人们才能实现“自由王国”。

第三，再从人与自身的关系讲，实现“自由王国”的条件是：人自身的能力得到全面的发展，人自身的素质得到全面的提高；人自身的本质得到全面的丰富。所以，马克思恩格斯多次谈到，共产主义社会的人，应该是“自由的人”，“丰富的人”，“全面发展的人”。那时的人，将“以一种全面的方式，也就是说，作为一个完整的人，把自己的全面的本质据为己有”[③]。这种人，才是共产主义社会的新人——全面、丰富的人。

马克思特别看重人自身能力发展的“自由王国”，认为这个王国在所有的“自由王国”中，占有主导地位和根本的意义。他甚至认为只有发展人的能力的“自由”，才称得上是真正的“自由王国”：按照“自由王国”的本性来说，“它存在于真正物质生产领域的彼岸……在这个必然王国的彼岸，作为自由的本身的人类能力的发展，真正的自由王国，就开始了。但是，这个自由只有建立在

---

① 《马克思恩格斯选集》第3卷，人民出版社1972年版，第441页。

② 同上书，第154页。

③ 马克思：《1844年经济学—哲学手稿》，人民出版社1979年版，第77页。

必然王国（指物质生产的领域——引者注）的基础上，才能繁荣起来"[1]。所以，实现"自由王国"的最根本的条件，就是人类自身各方面能力的极大发展。人类能力全面丰富和发展了，人们就能自觉地依据客观规律来组织、调节和控制整个物质活动和精神活动，丰富和美化个人生活和社会生活，使社会协调、全面地向前发展。

因此，马克思主义科学自由观的崇高境界和历史使命，是要实现共产主义的远大理想，达到人与自然、人与社会、人与自身的真善美的高度统一。当然，我们不能把共产主义社会的"自由王国"理解为无条件的、静止不变的。其实，共产主义的"自由王国"，是相对于"阶级对立的旧社会"而言的，同时，它也不是人类社会发展的"终极"，它必将不断地充实自己，发展自己，向着更深更广的"自由王国"进军。历史是永不停顿的，"自由王国"也永无停顿之日。

马克思主义自由观无论在方法上还是在内容上，都具有科学性、辩证性、全面性、具体性、人民性、发展性和实践性。它具有深刻而丰富的内容。在努力建设有中国特色的社会主义事业的伟大变革的时代，全面而正确地理解和坚持马克思主义科学自由观的基本原理，无疑有着十分重要的现实意义。

（原标题为《论马克思主义的科学自由观》，分上、下两篇载《人文杂志》1988年第1、2期。本文在写作过程中得到笔者同学郭祥才的热忱帮助，在此深致谢意！）

---

① 《资本论》第3卷，人民出版社1975年版，第963页。

第二篇

进步的代价

“拿起筷子吃肉，放下筷子骂娘”。这是上世纪八、九十年代改革开放进程中进步与代价矛盾现象的一个十分形象生动的说法。

经济发展了，肚子吃饱些了，口袋里钱多些了，社会发展进步些了，但人们并不满足，仍然有这样那样的意见牢骚，有时甚至比吃不饱饭大家忙着填饱肚子时的意见更多。为什么会如此呢？

这有很正常的一面，因为人们有更多的时间、条件去思考更多的事了，自然会有更多的不同想法。同时，社会在发展中又必然会产生新的问题，有时甚至比大家共同“饿肚子”时的矛盾更大，需要执政当局去协调处理。这样，社会才会再继续前行。不如此，谈何是有思想、有头脑的人类？人类历史又如何能不断发展进步？

另一方面，也可能有不太正常的一面，就是人们不了解人类社会发展进步的一些规律性特点，认识事物的理念、态度、方法出现了某种偏差，以为社会发展应该是完美无缺的，是直线发展的，社会成员的利益也应该是共同一致，其利益是同时同步增减的。

其实呢，一切事物的发展都是以付出相应的代价为前提的，社会的所有文明进步也是要以相应“牺牲”某些方面利益为代价的。如同自然界的新陈代谢，或如同发动机的运动需要燃烧汽油，以及人的学习成长需要付出“学费”一样。

但是，这些浅显的道理有时候人们并没有去深究，理论界也因为这是“常识”而缺乏系统探讨。改革开放初期，人们缺乏足够的思想理论准备，也就更是可以理解的。

初生之犊不怕虎。当年在理论界刚刚露点“荷叶尖尖角”的我，大胆提出了“代价论”，试图要对改革开放这一时代前行的伟大脚步“呐喊助威”，作些理性的“辩护”。当然，不是盲目的，也不是无原则、无良知的。

这样，就有了关于“代价论”方面的文字。它们是否经得起历史的检验？时间已过去差不多整整30年了，由读者们去判定吧。[①]

一　论代价[②]

代价现象、代价与进步、代价与改革的关系等问题，是一个尚未引起理论工作者普遍关注的课题。然而，改革实践却一再把它推到人们的面前。例如，改革的进程要不要付出一定的代价，怎样看待改革过程中出现的问题和利弊得失，等等，都直接与怎样看待进步的代价、改革的代价有关系。因此，探讨代价现象，帮助人们树立正确的代价意识，有着一定的理论和实践意义。

（一）代价的含义及其普遍性

“代价”概念的基本含义有两层：一是指事物在产生和发展过程中所消耗掉的那些既存的事物、条件。比如，某事物、某条件、某能量成了另一事物产生和发展的基础、前提和依据，那它们就成了这“另一事物”的“成本代价”。二是指事物在发展过程中，人们在行为活动过程中出现和产生了与主体人的价值目标相反的否定性现象。比方说，某种药物是为了治某种疾病，保护人体的健康

① 以上文字是2016年11月6日为出版本文集而补记的。

② 原载《文汇报》1987年9月18日第2版。本文发表引起社会较大反响，并被1987年第11期《新华文摘》等多家报刊转发。

的，但它可能会有一定的副作用，对人体健康不利。再如，我们的改革是为了兴利除弊，但在改革过程中也会出现一些消极现象。对此，可简称为“问题”意义上的代价或者狭义上的代价。

代价现象是一种客观的普遍现象。世界上任何事物的发展和进步，都是以消耗一定“成本”为前提的；而任何事物及其发展过程，对主体人来说，都会产生和存在利弊的两重性。物质不灭和转化规律，能量守恒定律和新陈代谢规律，都充分证明了事物的发展和进步必然是以“牺牲”一定“条件”为代价的。不但如此，事物都是矛盾的对立统一体。事物一旦进入主体与客体的关系之中，即作为对象性的存在物，必然会产生一定的功用、利害等价值关系。凡事有利、有积极的一面，同时必然会有弊、有消极的一面。

总之，代价现象具有客观性和普遍性。进步与代价，发展与代价可以作为一对哲学范畴（起码是一对儿历史、社会哲学范畴）来研究。

（二）改革与代价

资本主义在短短的几百年时间里，曾经创造了巨大的社会财富，使社会生产力、社会文明发展到了一个新的历史水平。但在发展和进步的过程中，不可避免地付出了巨大的沉重的代价。比如，严重的贫富分化，尖锐的社会对立和矛盾，剧烈的社会动荡和冲突，普遍的心灵危机，大量的社会犯罪，等等。

社会主义制度的产生，在一定意义上说，正是为了避免社会发展中的这些严重的痛苦和冲突。但社会主义在发展过程中不付出一点儿代价，是不现实的。对社会主义抱天真烂漫想法或求全责备的态度，都是不可取的。今天的改革也是这样。改革，毫无疑问是一项具有深远历史进步意义的社会系统工程，但在改革中不可能不存在或不出现一些问题，不可能不付一些代价。改革本身是一项兴利除弊之举，但在改革中也不可能不会有弊端、有过失的一面。

举例来说，我国南方沿海某一农村地区（指浙江温州地区，1986 年 6 月至 1987 年 7 月，笔者恰好在温州挂职锻炼——作者注），自十一届三中全会以来，在党的建设有中国特色的社会主义的总目标和改革开放政策的指引下，结合当地实际，逐步在实践中探索走出了一条农民依靠自己的力量，通过集体、合作经济，尤其是个体经济和家庭经营方式，发展工业和商品经济，短时期内脱贫致富的新路子，充分调动和激发了农民们的生产积极性，较快地实现了由自给自足的自然经济向具有一定的专业化、社会化程度的商品经济（当年尚未采用“市场经济”的提法——作者注）的转化，长期处于停滞、缓慢发展中的社会生产力得到了较快的发展，同时，人们在精神面貌、科学知识、文化生活、思想观念和生活方式等方面，也都有了积极的进步。但是，这一地区的经济、社会发展也不是完美无缺的，它的进步也不是没有付出一定代价的。比如，个体经济、私人经济的发展，与集体经济和国营经济在人、财、物等方面都会存在一定的矛盾，允许私人经济发展，就得允许有雇工现象的存在；一部分地区、一部分人先富起来，但同时也出现了一些收入差距过大的现象；个体经济责权利直接统一，致富动力大。但在管理制度不健全的条件下，他们中的一些人又会钻空子，搞假冒（产品）或偷漏欠（税）；家庭工业使农村大批剩余劳动力找到了出路，使农村生产得到了较大发展，但又可能会使种植业发展缓慢或萎缩；物质文明丰富了，生活水平提高了，但也为迷信活动和红白喜事铺张浪费提供了物质基础，这的确是在利弊得失的矛盾冲突中实现的，是付出了一定的成本和代价的。这里有不合理的“代价”，但有些是不可能完全避免的。如果不准备、不允许付出一点儿代价，这个地区的经济、社会发展和改革就不可能取得任何进步。

历史总是艰难地付出一个又一个代价，排除一个又一个障碍而向前发展的。社会文明不是无代价直线式、单一式地向前发展的。

事物的发展，社会的进步，正是通过种种代价而开辟前进的道路的。内在的、必然的、合理的、不可避免的代价，构成了事物自身发展过程中的不可缺少的环节和运动状态，实质上它是以否定或反向形式表征着事物的发展和进步。我们的改革过程，社会主义的发展过程，同样不可能不付出一定的代价。否则，它们就不可能有发展。我们要建立社会主义公有制经济、但在相当长的历史时期内，还必须在公有制为主体的前提下发展多种经济成分，允许个体经济、私营经济的存在；我们要实行按劳分配的原则，但又不得不允许事实上存在的非按劳分配的方式；我们要实行对外开放的基本国策，但同时不可避免地会带来一些不尽如人意的东西；我们要通过经济改革改变旧的经济体制，建立新的经济体制，但又不可避免地要经历一个“新旧转换”的“阵痛”时期。

（三）要有正确的代价意识

“代价”是事物发展过程中的客观普遍现象，但我们并不能由此就无原则地为失误、代价、弊病、问题做辩护。在代价问题上，我们既是唯物主义者，又是辩证论者。

第一，要树立事物的发展、社会的进步、改革的过程必然会有代价的“代价意识”。我们的改革，是为了革除旧体制上的弊端，建立充满生机和活力的新体制，是为了调动人们的积极性，促进生产力的迅速发展，是为了提高人们的生活水平。所以，改革本身是进步之举。但在改革过程中，由于种种主客观原因，又不可避免地会出现一些问题、过失、漏洞，付出一定的代价，在某些环节上甚至会出现一定的风险性。但有些人对改革往往理想化。以为改革会让一切都完美无缺；只能有利、有得，而不能有弊、有失；只能正确，不容半点失误。对改革要求苛刻，求全责备。一旦改革中出现一些不尽如人意的地方，各种指责、怨言就纷纷涌来，甚至动摇改革的信心。这就是缺乏代价意识带来的认识上的偏颇和行动上的摇摆性。如果有了代价意识，就能估计到改革的曲折性、复杂性，提前做好思想准备，从而积极有效地采取措施解决问题，不断完善和推进改革。

第二，要在质上和量上区分必然的、合理的代价与非必然的、非合理的代价。我们不但要承认代价的客观性，而且要对各种代价现象做历史的、具体的分析。事实上，在社会历史领域和人们的活动领域，有些代价是事物发展所内在必需的，是不可避免的，是"付"得合情合理的；而有些代价并不是事物发展所必需的，是由于不应该的失误造成的，是可以避免而没有避免的。因此，要区分内在的与外在的、必然的与非必然的、不可避免的与可避免的、合理的与不合理的代价。比如，发展商品经济和实行各种形式经济承包责任制，破除平均主义、"大锅饭"，使人们的劳动积极性得到发挥，生产力得到发展，人们生活水平也有了较大提高。但由此带来的是人们的富裕程度也拉大了，引起了人们心理上的震荡。然而，这种代价在实行按劳分配的社会主义社会具有内在的必然性和必要性，在社会主义的初级阶段更是不可避免的。过去实行平均主义，虽然避免了贫富差距以及由此带来的社会心理的震荡的代价，但却付出了经济、社会发展缓慢，劳动者失去积极性的更大的代价。

在量上对代价做具体分析，就是要把进步与代价、利与弊、得与失进行量的比较，高于"进步"的"代价"是不合理、不合算的；而低于"进步"的"代价"在原则上是合理、合算的。我们要把这样做的代价与那样做的代价进行量的比较，寻求一个在量上优化的代价。此外，还需要从整体的代价与局部的代价、个人的代价与社会的代价、长远的代价与眼前的代价等方面进行量的分析和比较，最后从总体上得出代价合理与否、必然与否、必要与否的结论。

第三，要正视代价、减少代价。我们承认在一定条件下，某些代价的存在是正常、必要和合理的，不可因"弊"废"利"，因

“代价”废“进步”，因“失”废“得”，做出因噎废食那样的蠢事。但这并不意味着可以听任弊病泛滥，代价乱“付”，更不意味着可以成为那些不负责任的人为失误或各种错误行为辩护的“挡箭牌”、逃避责任的遁词。在代价问题上，共产党人绝不持消极悲观、无所作为的观点，更反对对代价漠然视之、津津乐道和推脱人为失误的不负责任的做法。正确的态度和做法是：正视代价，减小代价。但是，改革、进步中的问题，只有在继续改革、进步的过程中，才能真正得到解决。在商品经济发展过程中出现的一些非合理的“代价”，如“假冒骗”“偷漏欠”等非法行为，要靠健全管理制度去防止它、减少它，要靠加强法制去制约它；对那些封建迷信活动和铺张浪费现象，则有待于加强社会主义精神文明建设去解决它。

我们承认代价现象的客观性和普遍性，是为了唤起人们正视代价，科学地对待代价，更自觉地去克服弊端和解决问题，更有效地积极采取措施，防止付出不必要、不合理的代价，尽最大可能和限度缩小那些必要的、合理的代价，以最小的代价，去争取最大的发展和进步，这就是我们的责任。

二　代价的再思考①

“代价”是客观事物，尤其是社会历史在发展过程中的一种普遍的必然现象。合理的代价是事物发展和进步的一个内在的、必然的环节和必要的前提。在深入改革开放的今天，研究“代价”问题日益显得迫切和意义重大。笔者在《论代价》② 中，曾对代价做过粗浅的探讨，本文在此基础上做进一步的理论分析。

---

① 原以《关于代价的理论思考》为标题刊发在《广州研究》1988 年第 7 期。

② 载《文汇报》1987 年 9 月 18 日。

（一）代价的含义、客观性和普遍性

代价有广、狭之分。广义的代价，是指宇宙间一切事物在产生和发展过程中，必然需要消耗已存的某些事物、条件、能量等的一种运动态势（运动中的一个环节和状态）。狭义的代价，是指人们在为了实现一定目的而进行的活动过程中所耗费、所付出的人力、物力和精力（包括因失误、利弊得失的相关性而付出的人力、物力和精力）的一种运动态势。人们一般更多的是在人为事物的范围内使用“代价”这一概念的。因为“代价”概念本身多少蕴含着主体人的价值取舍的意向。然而，代价在本质上都说明事物（自然、社会、人为的事物）在发展过程中，必然要经历一个消耗一定既存“条件”、付出一定“代价”的否定性的运动环节。

进入主体与客体价值关系的狭义代价，又包含两层意思：一是“成本”意义上的代价；二是“弊病”问题意义上的代价。凡是与主体人发生价值性、实践性关系的事物，必然会存在着弊病、消极面，会有不尽如人意的地方，会产生与主体的正价值取向相反的负价值。这种“问题”代价在社会和人的活动中也具有普遍性。

代价现象存在的客观性、普遍性的根据，一是辩证唯物主义的基本原理：任何事物的产生和发展，都不是毫无条件的。新的事物必定是从原先既存事物转化而来的或运动的结果；事物的存在和进一步的发展，必定是以消耗某些东西为前提的。只有毁掉一些必然要毁灭的事物，方能换来某些必然要产生的新生事物。二是辩证法的基本原理：任何事物都是矛盾的对立统一体，都有两重性。只要与主体人发生关系的事物，对主体人来讲，绝对好和绝对坏，绝对利和绝对弊的事物在客观的现实世界里根本不存在。

因此，无论是过去产生的事物，还是将来要产生的新事物，都有好坏和利弊的两重性。

（二）代价的类型

正确看待事物发展过程中的代价，还要具体地掌握代价的不同类型。代价的类型主要有以下几种：

第一，按代价产生原因的性质划分，有自在自为的代价与非自在自为的代价（有人的因素参与其中的）。例如，在人的认识活动和实践活动视野之外的自然事物的产生、发展的“代价”，就纯粹是自在自为的。非自在自为的代价则告诉我们，社会领域中的事物和一切有人的因素参与其中的事物，在发展过程中产生的代价，不但有客观事物的因素，还有主体人自身的因素。这实际上是要求人们从主体与客体的关系角度，去分析和对待社会领域中事物发展的代价，确立主体对代价的责任感和主体意识。

第二，按代价的形态性质划分，有物质的代价和精神的代价。凡是有人的行为因素参与其中的事物的发展，一般都需要有物质的和精神的两种形态的代价。因为，人类的劳动实践，既需要运用一定的物质（包括肉体在内）力量，又需要有主体的精神力量。特别是在人类改造世界主体性意识越来越强、科学知识在社会生产力发展中作用越来越大的现代，区分物质性代价与精神性代价，更显得十分必要和有意义。

第三，按代价的概率性划分，有内在的代价和外在的代价。内在的代价是事物在发展中必然地、不可缺少地要消耗、付出和出现的代价。这种代价是事物在发展过程中的一个内在的环节和运动状态。一般来说，这类代价具有合理性。外在的代价是事物在发展过程中由于种种偶发或不正当的人为干扰等原因所导致的代价，它不是事物自身发展内在必需的一个环节，往往对事物的发展和进步起阻碍的消极作用。

第四，按代价的可控性划分，有难免的代价与可免的代价。人们只能尽量减少事物发展的代价，却不能不付出任何代价。在一定历史条件下，有些代价是无法避免的。例如，人类目前的力量还无法控制自然灾害带来的代价，事物发展需要一定“成本”意义上的代价，人们在认识、探索和创新活动中的失误性代价，等等，就具有不可避免性。可免的代价，是指那些本来可以避免的代价，因主体的缺陷性（如知识不足、主观努力不够、责任心不强）等原因而产生的代价。我们应该尽最大努力避免各种可以避免的代价。

第五，按代价的量度划分，有大的代价和小的代价。办同样一件事情，在不同的条件下或由不同的人来办，付出的代价往往有大有小、有多有少。对我们来说，办事情、搞建设、干事业，应该力争用最小（少）的代价办最多、最有效的事。

第六，按代价的空间形态和承担主体划分，有整体的代价和局部的代价。有些主体为了自身局部的利益，往往不愿付出局部的代价而换取整体的更大利益；有的甚至牺牲、损害整体利益来谋取局部的、个人的利益。正确的代价观是在各主体之间利益不能同时兼顾兼得的情况下，自觉地付出局部的、个人的代价，去换取整体的利益。

第七，按代价的时间形态划分，有长远的代价和眼前的代价。这实际上就是要处理好长远利益和眼前利益的关系、事物的（或说主体实践活动引起的）一次性后果和连续性后果的关系，增强实践活动的预见性，防止因眼前利益而付出长远的更大的代价。

（三）进步与代价

“代价”作为一个哲学概念，必须有与之相对应的范畴。我们认为，与代价对称的范畴可以是“发展”“进步”。“发展”是个中性概念，适用于概括一切事物的新陈代谢的运动过程，可与“成本”意义上的代价相对称。“进步”概念含有人的价值评价的倾向性，只适用于社会领域的、与主体人有相关性的事物的新陈代谢的运动过程，它恰好与含有价值取舍倾向的代价相对称。如果说，人与世界、思维与存在、主体与客体的关系是哲学所要研究的基本问题，“进步”与“代价”的普适性即使不如“发展”与“代价”广泛些，它仍然可以作为一对具有普适性的哲学范畴而存在。起码可以作为社会哲学、历史哲学中的一对重要的哲学范畴。

纵观古今中外的社会运动史和人类发展史，进步与代价是一对同时态而存在的“双胞胎”：进步的同时必然伴随着代价。离开了代价，就不可能有事物的发展和进步。例如，奴隶社会代替原始社会，这是社会发展过程中的一次巨大的历史进步，但奴隶社会的这种进步，是以牺牲原始社会的平等关系，代之以人与人之间的残酷剥削和压迫为条件而实现的。一个新社会的产生，往往离不开革命、暴力，这如同在一个新生儿诞生前母亲需要有阵痛一样。

再比如，分工是社会生产力和社会发展的巨大杠杆，但是分工同时又成了个人牺牲的深刻的历史根源和基本形式，个人为社会进步付出了沉重的代价。因为，“个人就是受分工支配的，分工使他变成片面的人，使他畸形发展，使他受到限制”；分工就“人本身的活动对人来说就成为一种异己的、与他对立的力量，这种力量驱使着人，而不是人驾驶着这种力量”。[①] 不仅分工如此，社会整体的进步一般总是伴随着个体牺牲的代价的，这是历史发展迄今为止的一个带有普遍规律性的现象。所以，马克思指出，“人类的才能的这种发展，虽然在开始时要靠牺牲多数的个人，甚至靠牺牲整个阶级，但最终会克服这种对抗，而同每个个人的发展相一致；因此，个性的比较高度的发展，只有以牺牲个人的历史过程为代价”[②]。再拿当今时代高度发达的科学技术来说，它既可以直接造福于人类，同时又给人类和人类环境带来这样或那样的“副作用”。

这都说明“代价”现象是十分普遍的。

---

① 《马克思恩格斯全集》第3卷，人民出版社1956年版，第514页；《马克思恩格斯选集》第1卷，人民出版社1972年版，第27页。

② 《马克思恩格斯全集》第26卷（I），人民出版社1972年版，第124—125页。

历史总是艰难地付出一个又一个代价，排除一个又一个路障而向前发展的。正如马克思指出的："当文明一开始的时候，生产就开始建立在积累的劳动和直接的劳动的对抗上。没有对抗就没有进步。"[①] 恩格斯甚至断定："文明每前进一步，不平等也同时前进一步。"[②] 因此，"把世界历史设想成一帆风顺的向前发展，不会有时向后作巨大的跳跃，那是不辩证的，不科学的，在理论上是不正确的"[③]。

社会历史并不是不付任何代价直线式地向前发展的。那些内在的、必然的、合理的、不可避免的代价，正是事物自身在发展和进步过程中的一个不可或缺的环节。如果缺少或取消了这个环节，实际上也就等于取消了历史的进程、社会的发展和文明的进化。从这种意义上说，合乎必然性的代价，本质上是一种以否定形式表现出来的"进步"。这就是代价与进步的相关规律以及代价在事物进步中的地位和作用。

马克思指出："进步这个概念决不能在通常的抽象意义上去理解。"[④] 在不同的社会历史条件下，在不同的主体人面前，它们往往有着不同的含义和取舍标准。在一定历史条件下（或主体人）是"进步"，在另一种历史条件下（或主体人）则可能是"代价"（问题、消极面等），反之亦然。所以，不能在抽象的、绝对的意义上去理解和运用这些范畴。

（四）改革与代价

近 8 年来，我国的改革从农村发展到城市，从生产领域发展到流通、分配领域，从微观搞活企业发展到宏观管理，从所有制形

---

① 《马克思恩格斯全集》第 1 卷，人民出版社 1960 年版，第 104 页。
② 《马克思恩格斯选集》第 3 卷，人民出版社 1972 年版，第 179 页。
③ 《列宁选集》第 2 卷，人民出版社 1972 年版，第 851 页。
④ 《马克思恩格斯选集》第 2 卷，人民出版社 1972 年版，第 112 页。

式、经营方式发展到政府管理机构的设置和职能，从经济发展到科技、教育以及上层建筑，并且都取得了令世人瞩目的重大成就。改革开放使人们对社会主义有了新的认识，使充满生机和活力的具有中国特色的社会主义的新的经济体制开始发育和形成，并初步显示了其优越性；改革开放调动了经营者和生产者的劳动热情和积极性，使他们得到了实惠，提高了生活水平。

然而，改革过程中也出现了不少问题。从代价与进步的相关性来看，这些问题有一定的必然性，那么，改革这一社会进步事业，会产生哪些类型的代价和问题呢？

第一，探索性的代价（问题）。改革是一项崭新的事业，也是一项非常艰巨复杂的社会系统工程，是我们过去不甚熟悉或很不熟悉的新事物。因而没有现成的模式可循。这就决定了改革具有明显的创造性和探索性。而任何一项创造性、探索性的活动，都有一个明显的特点：就是容易发生失误，在探索过程中难免会支付或多或少的“学费”，有时甚至要冒或大或小的风险。我们在具体的改革实践中之所以要“走一步，看一步”，“摸着石子过河”，其原因就在这里。而这样做的目的，是尽最大可能减少改革和探索过程中的代价。但即使如此，也还不可能完全避免不发生任何一点失误。这种失误和代价，是探索、创造和前进中的失误和代价，具有内在的必然性和合理性，是改革进程中的“路标”。

第二，过渡性的代价（问题）。改革的过程，也就是去旧布新、革旧鼎新的过程，因此，新旧体制必然有一个转换的交替和过渡时期，这就不可避免地会产生新旧体制的“撞击”和“摩擦”，会出现这样或那样的漏洞和空隙。因此，在改革过程中，伴随着新旧体制及运行机制的转换必然会出现一些过渡性的问题，付出过渡性的代价。因而需要防止把它们笼统地归结为改革自身的问题和困难，从而夸大改革的问题，贬低改革的必要性。

第三，调整性的代价（问题）。任何一项重大的社会改革措施，既是对现存社会经济、政治体制和运行机制的调整，又是社会各个阶层、各个成员之间责、权、利的调整、改革，从一定意义上讲就是要调整和完善国家、集体、个人之间责、权、利的位置及其关系，确立和实行既有利于发挥个人活力、单位活力，又有利于国家管理和社会协调发展的新的结合方式和运行机制。因此，改革必然需要一些阶层、单位和个人暂时为此付出代价，以换取更大范围内的更多主体的利益。

第四，缺陷性的代价（问题）。任何事物都不可能是十全十美的，正如人无完人、金无足赤一样。改革中小至某一项具体的改革措施，大到要建立的新体制，同样不可能是完美无缺的，必然会或多或少地存在着一些缺陷性问题和不尽如人意的地方。只要不是想象中的改革，就必定得失并存、利弊共生。问题的关键不是有没有利弊得失，而是“两害相权取其轻”“两利相权取其重”。因此，要分清改革中的利弊，切不可“一弊”障目，不见“百利”。

第五，震荡性的代价（问题）。改革意味着探索和标新、创造的革命。而人们对事物的认识，对周围事物的变化，对生活环境的适应，以及对新的、奇异事物的接受，又往往自觉不自觉地受到来自自身先前的巨大认知定式、心理定式和生活定式的干扰。因此，随着改革的深入，必然会激起人们思想上、认识上、观念上和心理上的震荡，从而引起对改革的种种评说和议论。所以，在改革过程中还需要付出心理上、认识上的震荡性的必要代价。加强对改革的舆论宣传和理论说明，有助于克服改革中的认识障碍、心理障碍，帮助人们从僵化、守旧和旧的习惯定式中解脱出来，缩小震荡的幅度和周期。

第六，失当性的代价（问题）。总地来说，我国这几年改革没有出现重大的失当性问题。但是，在改革过程中的某些环节上，确实也付出了一些失当性的代价。譬如，改革的总体规划比较欠缺；改革的理论准备不充分；在放开、搞活的同时，宏观控制以及某些控制、调节手段没有及时跟上；各项改革措施配套不够；有些改革方案出台的时机或出台次序不够合理；某些改革措施不够完善甚至个别方面的决策有失误性等，都属于该避免而没有避免的失当性代价和问题。这类问题主要是主观指导、主观努力、运筹决策等方面的过失而造成的。从理论上讲，是应当、可以避免的，但实践上由于种种主客观原因，又不能完全避免。

第七，新生性的代价（问题）。改革是兴利除弊，为了克服和解决存在的问题。但是，新陈代谢是宇宙间普遍的运动规律。原有的旧问题、旧弊病经过改革得到了解决，但又会产生新的问题和矛盾。所以，在改革过程中，需要处理好和正确对待旧体制的旧问题与新体制的新问题的关系。历史总是在不断地解决问题中前进的，有了发展，有了进步，就会有新的问题的产生，新的矛盾的出现。问题—解决—新问题—解决，如此循环无穷才能使我们的事业永葆生机和活力。因此，我们不能用改革中、发展中的新问题，来否定改革和发展，为旧问题做不负责任的辩护。鲁迅先生曾经入木三分地鞭挞过那些“保护旧错”“不许新错”的人：他们“貌似平和，实乃进步的大害。最可笑的是他们对于已经错定的，无论如何，毫无改革之意，只在防患于未然，不许‘新错’，而又保护‘旧错’，这岂不可笑”。从发展的眼光来看，改革中和改革之后，必然会有新生的问题和矛盾，这是十分浅显的常识。这样看问题有助于人们正确地看待现实中的改革，不至于对现实的改革提出脱离实际的过高的期望要求。

总而言之，我国这几年的改革，所付出的代价与出现的问题，与改革的成绩相比是次要的；它们的性质大部分具有不可避免性、必要性与合理性，它们中的多数是前进中、发展中的问题。只要我们正视它，不断总结实践经验，完善改革措施，是完全可以逐步得到解决的。因此，对改革过程中的代价和问题，无须惊慌失措，对改革不可求全责备；不可夸大改革中的问题；由此而指责改革就更没有任何理由。正确看待改革与代价的关系，对于我们统一改革的认识，加强改革的宣传，坚定改革的决心，都有着不可忽视的作用。

三　代价与进步①

现在，人们对改革的成败、利弊、得失等都颇为关切，并且围绕一些具体问题议论纷纷。在议论中往往要碰到这样一个重要的理论问题，即社会进步和代价问题。这是实践向理论提出的课题，本文试图就这一问题做点哲学的考察。

（一）一般意义上的代价含义及形态

世间的一切事物总是在付出必要的代价的前提下实现超越、发展和进步的。这是事物发展的一个规律。进步和代价，作为事物同一发展过程似乎是取向相反的两个侧面，它们彼此有别，却无法分离。它们相互依存、互为前提、对立统一。因此，我们在谈发展、进步时不能忽略了代价，在谈代价时也不能不看到发展和进步。

任何事物的发展和进步都不可能是无根据、无条件、无“成本”而凭空实现的。无论是自然界还是人类社会，事物的转化、物种的进化、社会的进步作为一种“产出”都必须先有“投入”。我们在这里所说的代价，是泛指事物在产生和发展过程中所消耗了的、对象化了的、补偿了的既有事物和条件（人力、物力、财力、精力）。如再进一步考察的话，相对于事物的发展和进步以及活动主体的价值目标而言，代价又有它的具体形态。

大体来说，代价有这样几种形态：

---

①　原以“论代价与进步”为题刊发在《百科知识》1989年第1期上。与杜大宁同志合作。这次收录时个别标题、文字做了改动。

第一，自在性代价。这是指与人的实践活动和价值目的不发生直接关系的事物，在其发展过程中所消耗的“成本”，即被转化了的事物。例如，自然界事物的运动和发展，在与人的活动尚未直接发生价值关系时，所需要付出的代价就是自在的。植物界和动物界在进化过程中作为“适者生存”的代价就是弱者被淘汰。

第二，中性代价。这可分为两个方面：一是事物的发展过程，它所消耗的成本以及产生的结果，在性质上无先进与落后，革命与反动，正确与错误之分；对主体人的价值目标来说，也无所谓利弊、好坏、得失之别，是处于中性状态的；二是在代价与效益的量的关系上，处于对等的中性状态，既无所谓“亏”，也无所谓“盈”。

第三，肯定性代价。从质上说，肯定性代价是指那些作为代价的“成本”被内在地、直接地对象化为事物发展的结果（进步）；换言之，这种结果、效益本身就是代价的积蓄和结晶。从量上说，肯定性代价是以小的代价取得了大于代价的效益，或以最小的代价取得了最大的效益和进步。而且这种结果、效益在向量坐标关系中，又是符合事物发展客观规律、代表历史发展进步方向和人民的根本利益的。

第四，否定性代价。否定性代价和肯定性代价方向相悖，恰似以零为原点的数轴的正、负两端。它是事物发展过程中，人们的行为活动导致的与人的价值目标相反的结果或后果。也就是说，付出的代价不但没有转化为进步的效果，反而有悖于这个目标；另外，也许是付出的代价有一部分被转化为进步的后果之中，但代价、成本大大高于这个进步的结果；这些都可称为否定性代价。不过，这种否定性代价，虽然在某一特定的“代价—效果”系统中是否定性的，但是在更大范围内，更大系统中，却是内在的、必然的、是以不可避免性和合理性作为根据而存在的，这种代价只是在表现形式上是否定的，而在本质上却是肯定性的。

第五，代价还有一种具体表现形式，即虚幻的代价。这是在事物发展过程中无内在根据，没有合理性，和事物的发展与进步没有必然联系的现象。虽然它也在代价的范畴之中，但严格地说应该称为“错误”，因为它不是事物发展所必需的付出，而且它的发生带有或然性，在一定意义上说是可以避免的。如人为的浪费、人为的决策失误、官僚主义、主观主义造成的损失等。

（二）人类历史发展与代价

代价不仅有它存在的一般普遍意义，而且它的社会意义更加突出。因此，考察代价我们着眼于社会进步中的代价和代价中的社会进步。

人类社会的发展是一个人类不断摆脱外在束缚，走向全面发展的过程。但是，进步总是在排除障碍中实现，发展总是在攻克难关中迈进，文明也是在与愚昧搏斗的牺牲和奉献中聚集的。总之，人类发展史是一部以代价为前提的进步史，也是一部以进步为结局的代价史。人类一次次的付出和各种各样的代价为社会从一个时代走向新的时代，从一种社会形态走向更高的社会进步形态铺平了道路。

物质生产的发展，是整个社会进步的基础和根本标志，但在物质生产的发展进程中，自然界也给人类以反向的回报，迫使人类付出代价。在当代，所谓生态危机、能源危机、环境污染等全球性问题，显得日益突出，以致产生了一个当代社会普遍苦恼的矛盾：向往进步但又对其可能带来的不良后果忧心忡忡。

人类社会形态和经济、政治等制度，从原始社会进步到当代的水平上，是其间不知经历了多少代人的奋斗和牺牲才取得的。而且，迄今为止，没有任何一种社会制度敢自称自己掌握着只会促使进步而不会带来任何副作用的专利权。这是因为：“完善的社会、完美的‘国家’是只有在幻想中才能存在的东西。”（恩格斯语）同时，社会进步只能发生于社会的肯定性活动和否定性活动的统一过程之中，发生于人们的意志和行为的彼此冲突的纷争之中，亦即发生于进步和代价的交融之中。

科学技术的发展史也说明，它一方面极大地促进了社会各个方面的进步和文明，但另一方面历史上和当今世界被用于战争的科学技术并不少见，这也是一种代价。

人类的认识发展史同样如此，人们是在付出一个又一个谬误的代价中才逐步获得比较正确的认识和科学的知识的。与其说真理是在同错误的斗争中发展起来的，倒不如说真理是在人们在对它的认识过程中付出了代价才获得的。恩格斯曾经指出：科学的发展史就是谬误的发展史；今天被认为是合乎真理的认识，却有它隐蔽着的、以后会显露出来的错误的方面。

人类各种能力的全面发展，是社会历史进步的一个综合标志。但是，整个人类能力的进步，却是以个人局限于一定的专业分工亦即个人全面发展自己能力的牺牲为代价的。“文明每前进一步，不平等也同时前进一步。”马克思当年在描述资本主义社会发展的代价时，曾为我们分析社会历史进步中的代价提供了方法论的启发。他说，“在我们这个时代，每一种事物好像都包含有自己的反面。我们看到，机器是有减少人的劳动和使劳动更有成效的神奇力量，然而却引起饥饿和过度的疲劳。新发现的财富的源泉，由于某种奇怪的、不可忽视的魔力而变成贫困的根源。技术的胜利，似乎是以道德的败坏为代价换来的。随着人类愈益控制自然，个人都似乎愈益成为别人的奴隶或自身的卑劣行为的奴隶。甚至科学的纯洁光辉仿佛也只能在愚昧无知的黑暗背景上闪耀。我们的一切发现和进步，似乎结果是使物质力量具有理智生命，而人的生产则化为愚昧的物质力量。现代工业、科学与现代贫困、衰颓之间的对抗，我们时代的生产力和社会关系之间的这种对抗是显而易见的、不可避免的和无可分辨的事实”[①]。

马克思这一思想无疑具有普遍意义，在社会发展中会同时并存着进步和代价的两极，而且没有代价就没有进步，具有必然性的和内在根据的代价，构成了历史自身发展链条中的一个不可缺少的内在环节，它以付出或反向的外在表现形式确证着历史进步的发展轨迹。恩格斯说过：利己心、权力欲、恶也是社会进步的推动力量，这里所说的恶就是泛指社会发展的代价现象，它作为推动历史进步的力量，成为社会历史进步的一个自身规定和环节。

进步与代价相伴，从一个侧面证明了社会发展、人类进步的复杂性和曲折性。人类以往走过的漫长历程，是一部进步与代价互为交融的、混为一体的历史。我们今天以及未来，也只能在代价中求发展、求进步。在历史和社会发展问题上，我们既不是只见进步无视代价的理想主义者，也不是只见代价而无视进步的悲观主义者，我们是坚持进步与代价辩证统一的历史唯物主义者。

应予指出的是，并不是历史进步对立面的所有现象都能称得上是代价的。那些在当时历史条件下缺乏存在的现实性和合理性的反进步现象，那些纯粹由于历史人物的个人原因而酿成的历史悲剧以及那些人为失误等，并不是历史发展和社会进步必然要付出的真正代价，而只能是一种与历史进步背道而驰的“虚幻性代价”。尽管它们也许会被披上某种神圣的外衣。

（三）当代中国改革的代价

我们当前所进行的改革，是一场在中国历史上空前广泛、深刻的社会变革，要使我们这个落后的东方大国摆脱贫穷、走向繁荣富强，要用现代化的大工业和商品经济代替小生产和自然经济，要用社会主义民主战胜封建势力的残余，这无疑是巨大的历史进步，但

① 《马克思恩格斯全集》第12卷，人民出版社1962年版，第4页。

实现这一进步也会付出相当大的代价。而且，改革越广泛、越彻底、越迅速、要否定的旧事物越多，它所遇到的阻力、难度也就越大，进而它所要付出的代价也就越大。

从此意义上讲，在改革过程中，所取得的进步和付出的代价存在正相关关系，这不以人们的意志和愿望为转移。现在人们看到的成绩不少、问题不小就是实际的证明。

改革的一个重要的规律是在付出和代价中孕育发展，迎接进步。在现阶段，改革的代价将会表现在这样一些方面：

第一，从社会运行的角度看，因为改革是广泛的社会变革，它要触动、改变社会生活的方方面面，不仅原来的社会结构、社会体制、社会机制、社会秩序要在一定程度上发生变化，而且人们的价值观念、社会心理、思维定式、行为方式也要相应变革。当这种变革急剧的时候，就会产生运行的不稳定、发展的不平衡、控制的不完善、心理的不适应，这些因素都会产生副作用，聚焦成与改革所努力的方向相悖的反作用力，从而影响改革的发展和推进。

第二，从改革是探索的角度看，因为在改革过程中，我们所面临的任务如怎样发展社会主义商品经济，怎样实现社会主义民主，怎样搞活企业，怎样理顺价格体制，等等，是我们甚至是所有社会主义国家都没有遇到过的课题，我们不可能依赖现成的经验和答案；另外，我们对国情的认识还有待于深化，我们在改革的思想文化准备上也不十分充分，而且旧体制和各种错误思想的阻碍又是不容忽视的，所以，关于改革的探索，尤其是在一些具体问题上，做不到都是最优决策、最好选择、最佳效果，不但如此，还会多少有些不可避免的失误，对此我们应当有承受能力。当然，在探索中不出错虽不可能，但少出错，力求科学决策却是可以办得到的。力戒人为损失、减少失误，一旦发现问题，就应迅速有效地纠正、补救。

第三，从新旧体制转换的角度看，因为新的经济体制、政治体制、文化体制代替旧的经济体制、政治体制、文化体制有一个逐步生长的过程，在这个过程中两种体制会有一个并存的时期，而且在并存初期，旧体制的势力还很大。两种体制同时并存、交互作用，这也会给改革带来困难，要渡过这一困难过程，也要付出代价。比如，在新旧体制并存中，尤其在新体制开始发育时期，新体制的不完善、不成熟所暴露出的问题会同旧体制中原来固有的弊端叠加在一起，这会造成一种新体制的优势和旧体制的积极效力都发挥不好，反倒是它们的副作用却相互强化的现象，这在体制转换过程中的一定时期是不可避免的。当然不是说在这一时期所发生的一切消极现象都不可避免，只要我们注意防患于未然，对已出现的问题及时采取有效措施予以弥补、控制，有些问题还是可以解决得好的。

第四，从利益关系上看，因为改革就是要打破分配上的平均主义，就是要打破旧体制条件下形成的利益格局。建立有利于调动劳动者积极性，有利于生产力发展的新利益格局，因此，相对于具体的利益承担主体也会有得失问题。首先，建立新的利益关系格局，就必须改革旧的格局，这样，受益于旧的不合理的利益关系格局的既得利益集团和个人就会有所“失”，但相对于新的合理的利益格局的形成，让应受益的受益，让该多得的多得，这是必须要付出的代价。其次，改革的目的是发展生产力，提高人民的生活水平，但人们受益于改革不会是无差别的。可能在时间上有先后之分，在量上有大小之别。人们所依据的社会条件不同，对社会贡献的大小也不同，所以，有的会先受益于改革的短期效益，有的将要等待改革的长期效益；有的受益大、有的则受益小。这种差别是建立在合理的、客观的利益分配的关系上的，那么，后受益、少受益就是一种代价现象。最后，打破分配问题上的平均主义，就必须要解决脑体劳动的工资倒挂问题。解决这一问题也要付出一定的代价。但如果因为要付代价，就下不了决心，恐怕拖下去损失会更大。

我们是在开放的条件下搞改革的，对外开放，无疑会大大促进我们的社会发展，但无须赘言，在许多方面我们也要付出一定的代价。

上述事实都告诉我们，改革、开放必然要带来巨大的社会进步，但与此同时，又必然或多或少地要付出各种代价，有时甚至要冒风险。

（四）改革过程中“虚幻性代价”

然而，在改革过程中也会出现某些“虚幻性代价”。

这种代价不能和前面所提的几种代价混为一谈。那些不按事物客观规律办事的人为失策，就不能简单地称为代价，那些弊大于利，失大于得的失误也不能称为合理的代价。

在实践中判断什么是必然要付出的代价，什么是需要防范和纠正的错误，其判断的客观标准是什么呢？这就要看它们的存在根据是否具有客观性和不可避免性；看它们的内在趋向和实际效果是否和促进生产力发展相联系，看它的价值取向是否符合广大人民群众的心愿和根本利益。如果和这些根本目标相背离，那么，它们就是一种虚幻性代价。

由于社会生活十分错综复杂，在一定的历史条件下，对一个具体问题很难判断是代价还是有可能避免的失误，这就要依靠历史来帮助我们判断了。对一个具体问题当时也许被认为是人为失误，但经过一段历史岁月，它会把其代价的本质表现出来。反之亦然，当时被称为代价的东西，经过实践和历史的琢磨，很可能会暴露其人为失误的本来面目。因此，被认为是合理的代价的也可能是不合理的失误，被认为是可以避免的失误的可能会是不可避免的代价。

所以，判别是否是代价，不宜过早地下结论，这也是历史提示给我们的经验教训。

四　市场经济与社会全面进步[①]

本节是笔者（王）与郁建兴（郁）1994 年就当时我国精神文明建设的一次对话。对话的主要内容有：学会做人；精神文明建设是社会全面进步的要求；西方近代文明片面发展的严重后果；重视协调发展是全球性的潮流；构建新人文精神是一条可能性途径。

王：十多年来，我国的改革开放、经济建设取得了举世瞩目的辉煌成就，民主法制和精神文明建设也获得了巨大进展。相对来说，在经济建设这一“中心意识”“首位意识”得到“热化”“强化”的同时，社会协调发展、社会全面进步的观念，并没有受到人们的普遍重视，在物质文明建设这一手“硬”起来的同时，精神文明建设这一手并没有完全地、真正地“硬”起来。颇有点“经济改革形势喜人，精神文明状况急人”的味道。有人呼吁：“国人当务之急，是学会做人。”这是令人深思的。

郁：市场经济的发展是一把双面利刃，它在科学技术和物质生活方面给人类带来许多积极变化的同时，也为“价值失落”“无意义世界”的出现播下了种子。时下人们对价值观领域的频频关注，可看作对市场经济发展进程开始有了省察。在我看来，当前的精神文明建设必须纳入市场经济与社会全面进步的关系问题中，才会有新的思路。而这一问题，正是中国改革事业乃至整个现代化事业中的基本难题之一。

王：从这一角度出发，我们可以更深入地认识到精神文明建设的战略地位。我们的奋斗目标，是建设一个富强、民主、文明的社会主义现代化国家，这是一项开创人类现代化和文明发展新道路的

---

① 本节发表于《中国教育报》1994 年 6 月 8 日。

历史性壮举。这种独创性的基本难题和标志之一，就在于物质文明和精神文明的协调发展，社会的全面进步。由此，精神文明建设有它自身的地位和意义，不应把精神文明建设仅仅看作一种手段，不应把它置于一种陪衬的地位。从这一目标模式上，我们可以更好地理解邓小平同志一系列“两手抓”的思想，理解他的两个文明建设都搞好了，“才是有中国特色的社会主义”的思想。

郁：我注意到了我国领导人在构建目标模式时的历史连续性。毛泽东的“社会主义现代化”概念与邓小平的“有中国特色的社会主义”，在这一点上是一致的：社会发展现代化，应是一个全面、综合推进的进程。没有高度的物质文明，发展现代化固然无从谈起；缺乏高度的精神文明，现代化发展也是残缺不全的，甚至是畸形的。

王：强调精神文明建设的战略地位，把我们的奋斗目标，完整地理解为是发展社会主义市场经济、社会主义民主政治和社会主义精神文明的有机统一，体现了全面建设和发展社会主义的要求。

同时，从人类社会近代文明的发展来看，西方用资本主义方式实现现代化，曾经产生了严重的弊端，付出了高昂的代价，比如农村萎缩、环境破坏、军事冲突、社会动荡、两极分化、感情疏远、心灵空虚、文化大众化世俗化过程中出现的市侩化、庸俗和浅薄化等。如何避免现代化的西方模式所带来的严重后果，值得重视。应该说，这里有些现象我们是不可能完全避免的，有些则是可以避免的，对于难以避免的现象我们也应尽可能地降低其程度。换言之，资本主义社会发展的片面性，我们应努力避免和消除。

郁：这是个示范效应与价值选择的关系问题。对于已有模式、道路，不加批判地接受，是很危险的。后发展国家发展市场经济、实现现代化，不可能像十七八世纪时的欧美国家那样，是一个纯粹自然的过程，它具有浓厚的价值选择意义，从一个阶段到另一个阶段的运动过程即所谓“相对意义上的现代化”，其成就水平可以用数字来衡量，可以表现为各种指数。而绝对意义上，终极目标的实现，则不能不涉及价值目标、意识形态问题。“社会主义现代化”“社会主义市场经济”的口号，内蕴了社会主义的价值承诺。

因此，发展市场经济的问题，应有其多重的内涵，既体现出历史必然性的外化，又追求“内在目的”的确证和实现；既体现出一般市场经济的客观要求，又以社会主义、共产主义为终极取向。无疑，精神文明建设是“社会主义市场经济”的题中应有之义。

王：再次，精神文明建设的战略地位，也是当代新发展观的体现。随着西方模式固有缺陷不断为人们所认识，增长与发展、进步与社会进步概念的澄清，成为一种新发展观的起点。现在大家都能接受这样一种观点，经济增长不等于社会进步。经济增长除了正增长外，还可能出现零增长、负增长，即增长为其消极后果所抵消。可见，重视协调发展、全面发展，是一个全球性的潮流。而且，现代市场经济的发展，出现了物质生产和精神生产、物质文明和精神文明彼此依存、相互渗透、互为促进的趋势。一方面，精神文明建设日益依赖于物质技术手段；另一方面，物质产品和各种商品中的科技和文化含量越来越高。这一文化含量，日益成为产品竞争中的一个重要因素。这种一体化的发展趋势，也要求我们自觉地坚持“两手抓，两手都要硬”的战略方针。

这里有一个材料，约瑟夫·奈写了一本《美国定能领导世界吗?》的书，书中写到，当代国际竞争力量的来源主要靠无形的、软的力量，如社会制度、意识形态、凝聚力、文化在全球的普及力、在世界各种组织机构中的地位等。据此，他得出了和《大国的兴衰》相反的乐观结论。他认为，美国应能继续领导世界、统治世界，因为美国硬、软两方面力量都很强，特别是后者，你想，尼加拉瓜与美国打仗，晚上电视台播的仍是美国的片子，美国文化在世界的普及力、影响力该有多大。冷战结束以后，崇美心理似乎在一些人那里越来越强烈了。

郁：这就给我们一个重要启示，如果我们不从中国文化之根上浇开现代化之花，那么一个可能的后果就是，经济越发展，越现代化，我们的文化自卑情结就可能越牢固。这一点在近年来已有所表现。而这与我们要达到的目的相去甚远。

王：这涉及对综合国力的理解。不能局限于几种指数，应高度重视意识形态、人文素质，重视民族凝聚力，这些都是综合国力的必然内容，而且它们的地位越来越突出了。

郁：换句话说，从中国经济建设的成功，我们应该得出中华民族、社会主义是有生命力的结论。否则，谈不上综合国力的提高。这一点，十多年的改革史似乎提供了不少教训。

王：我觉得首先应该强调的是经验，十多年改革的基本经验，就是注意到了全面建设社会主义的问题，在改革开放的同时，没有忘记坚持四项基本原则；在抓物质文明建设的同时，没有忘记精神文明的建设；等等。“一个中心、两个基本点”的概括，确实高瞻远瞩。它使我们避免了苏联东欧的“多米诺骨牌效应”在中国发生。当然也有你说的教训。

郁：我说的教训正是指某些时候、某些领域对社会全面发展的偏离、忽视。这些失误的影响是深远的，当前精神文明建设的紧迫性很大程度上来自于此。比如说传统价值观解构得很厉害，后现代情绪在文化诸领域涌动，说严重点，人文精神的传统出现了某种“断裂”。这种倾向对中国的前景来说是值得担忧的。

王：造成这种状况的原因当然不只是我们自己的失误，还有西方资本主义发达国家的“先发性效应”，有前些年东欧苏联的“剧变效应”，有社会变革和转型时期的“失范效应”。但现实存在问题的严重性令我们不可掉以轻心：我们对精神文明建设尚未完全破题。缺路数，少实招，思路、措施等都有待深入探讨。

郁：在精神文明建设的可行性研究中，我觉得《社会主义市场经济条件下的精神文明建设》（刘枫主编）一书，比较多地坚持了重在建设的原则，提出了不少新的思路。此外，我认为，构建新人文精神，是当前精神文明建设的一条可能性途径。

虽然人文精神这一范畴在历史上几经变迁，但基本实质还是一致的，那就是肯定人性的价值，肯定人的尊严和人生的意义，肯定人是目的，维护和弘扬人的主体性。而人性，不仅与超人性的“神性”有别，也与非人性、反人性的“物性”和“兽性”有别。因此，对于“人文精神”的戕害也就不仅仅来自“神性”对“人性”的吞噬（如宗教蒙昧主义），也可能来自作为工具的“物”反过来对作为目的的人的宰制（如物质主义、技术主义），或来自“兽性”的泛滥（如法西斯专政）。否则，我们就无法理解为什么在宗教式微的20世纪，人文精神也同样会萎缩干枯；也无法理解西方近现代文明以提倡人文主义而起步，到今天却是越来越多的人关心起人文精神的重建来了。

西方人努力于人文精神的重建，或维护作为传统人文价值和道德之基础的上帝文化，或力图使“死后”的上帝复活，或把人生的价值浓缩在非理性的本能的放逐之中，以此反抗工业文明“理性暴政”对人性的戕害。但是这一重建过程是一部从前现代化，到反现代化，再到后现代主义的不断退缩的历史，它奏出的只是对逐渐失去的传统人文精神的挽歌。

鉴于中国社会把西方许多历时态的东西共时态化了，因而时下后现代主义的泛滥，可视之为人文精神传统出现“断裂”的标志。

王：因此，我们也有个市场经济条件下人文精神的建设问题。健康、有序的市场经济，需要有健康、有序的人文精神作为内核。在我看来，市场经济条件下，应首先确立这样一些人文价值：人们合理追求利益（包括物质利益）是社会发展的基本动力之一；人的主体性；人作为主体相互之间的平等；主体的自由；主体的进取性与创造性的肯定；等等。

社会主义的市场经济更要体现物的价值与人的价值的全面发

展，不能出现“物的增值与人的世界贬值成正比”的现象。没有实现人文价值的市场经济，是冰冷的、粗鲁的市场经济。在一定意义上可以说，人文精神的构建是市场经济的基础，也是其发展的目标，并将其贯穿于整个发展过程之中。

郁：你刚才引用了马克思的话。我觉得在今天强调马克思主义对于现代人文精神的构建的意义是必要的。

现代西方人文主义者之所以未能完成重建人文精神的任务，一个根本性的原因，就在于他们自觉不自觉地把人文精神的维护或重建，深刻置于现代化的对立面，从而采取一种阻止、取消、逃避现代化的立场。而现代化的到来又具有历史必然性，因此，人文主义者就必然陷入“应该是”和“事实是”的矛盾而不得解脱。具有深刻历史理性的马克思克服了上述困境，他看到随着商品经济和现代化的出现而产生人的异化是具有历史必然性和合理性的。但同时，他又把这一必然性理解为是“暂时的必然性”，实现作为目的的人的解放，是他的全部理论的主题，他的“共产主义”概念蕴含了一种新人文精神，“人成为人本身”的古老理想的实现有了切实的保障。“在保证社会劳动力极高发展的同时又保证人类最全面的发展”，是马克思对共产主义的定义。

因此，从一般意义上讲，当前展开人文精神的建设，就是要建设一种以人的全面而自由的发展为最高原则、最高律令的精神，这种精神，为社会的全面进步提供了注脚。

王：这一工作是十分艰巨的，中国的知识分子大有作为，时代呼唤着知识分子去建构、维护以马克思主义指导的人文精神，并从中体现自身的价值。任何消极悲观、无所作为的态度，都是对正在进行的伟大事业的无视。

五　工业文明的进步与代价

历史发展从来就不是单一直线型的，而总是一个进步与反进步

（代价）的辩证统一过程。换句话说，社会的文明进步通常是由代价开辟前行道路的。要解开这个历史进步之谜，我们不得不了解和掌握马克思主义唯物史观所揭示的这样一个穿越时空的真理：一切历史进步与代价现象归根结底在于社会的生产活动及生产方式的矛盾运动。

（一）进步与代价：历史辩证法

历史从来没有截然的进步与反进步的运动现象。一切看似势所必然、文明进步、神圣正义的东西，都不可避免地包含着或迟早会衍生出相反的事物。这便是相生相克，否定之否定，或者说是人类历史发展的客观辩证法使然：事物的对立面、矛盾运动中的“问题”，正是推动历史进步发展的直接动因。

比如，人类几千年来小农生产所维系的自然经济，使人们日出而作日落而休，人与自然界之间显得十分和谐，生活平静而循环往复，悠然自在。但这种自然经济的生产方式同时也生产和再生产出了循环闭塞，人们很难在这种自给自足的经济中产生向外发展的强烈欲望和冲动，人类活动缺乏创新，社会发展缺乏活力。

再比如，我们曾多少次满怀义愤地批判、谴责、声讨过资本主义的历史罪恶。的确，资本主义生产方式孕育、产生了许许多多的“罪过”，不知给人类带来了多少“伤心事”，但这是我们历史发展中的一个必要部分而已，而不是历史的全部活动。我们知道，西方发达国家在十七世纪手工业取得重大进步的基础上，十八世纪中叶以蒸汽机的发明和使用为主导标志而开始了工业革命，从而推动了人类社会生产力的快速发展，社会财富也加速积累，人们追逐财富的积极性空前高涨，各种发明创造如潮水般涌动，工商产品五彩缤纷，商品流通和商品市场迅猛扩大。这就是我们常讲的资本主义工商文明几百年来创造的财富要比过去人类几千年创造的财富还要多得多的历史性进步的景象。

又比如说，人类进入大航海时代，地理大发现后使世界格局发生了大变化：西方成为殖民主义，东方变为殖民地；地理大发现打破了人类活动地理空间的大隔绝，开启了全球化新时代，但殖民主义原始积累又是那样的罪恶滔天，给殖民地国家和人民带来了多少血泪和苦难。这是资本主义生产方式向世界扩张的“罪恶代价”，而不是历史全部本身。《共产党宣言》就曾指出，资本主义生产方式必然导致侵略别国的帝国主义现象，但这又把一切民族甚至最野蛮的民族都卷入到了文明的旋涡之中，“过去那种地方的和民族的闭关自守和自给自足状况已经消逝，现在代之而起的已经是各个民族各方面互相往来和各方面互相依赖了。物质的生产如此，精神的生产也是如此。“（《马克思恩格斯全集》，中文1版，第4卷，470页，北京，人民出版社，1958。）如此说来，资本主义、帝国主义在世界性扩张（带有侵略性）过程中，客观上推动了工商业文明的全球化发展，非正义的侵略者又往往成了历史发展进程中的进步者，而正义的反侵略者则常常成了捍卫过时生产方式及上层建筑的“落伍者”。当然，这种因评价视角不同而作出的截然相反的判断，只能借助历史辩证法才能予以正确的理解和把握。

在历史发展进程中，其进步和罪恶常常是融于一体、难解难分的。恩格斯说：“自从阶级对立产生以来，正是人的恶劣的情欲——贪欲和权势欲成了历史发展的杠杆，关于这方面，例如封建制度的和资产阶级的历史就是一个独一无二的持续不断的证明。”（《马克思恩格斯选集》，2版，第4卷，237页。）从这种意义上讲，“恶”是历史进步必然要付出的“代价”。没有“恶”的“杠杆”，历史旧秩序就难以打破，也就不会有历史的新进步。

毫无疑问，相对旧的生产方式，新生的生产方式当然具有更强大的生命力。唯有如此，它才可能破土而出，逐步取代过了时的生产方式。新旧生产方式的变换，必然会产生社会阵痛，而阵痛的代价也只有在新生产方式取代旧生产方式过程中才能消除。但我们这样讲，丝毫不意味着新的生产方式就十全十美，不会产生新的“阵痛”了。恰恰相反，新的生产方式也不可避免地会包含着新的弊病或说“罪恶”，带来新的“磨难”，让人类历史的进步付出新的“代价”。这正是“一阴一阳之谓道”、“一正一负之为存”、“相生相克之谓变”。“问题”是发展的起点，“代价”是进步的阶梯。这就是历史进步的辩证法。

（二）工业文明在“阵痛代价”中催生的社会变革

我们通常只讲工业化生产方式带来的生产力巨大变革及创造出的惊人物质财富，而很少系统分析它对整个社会结构及其人类历史文明进步的更广泛更深刻的影响。当然，工业生产方式所催生的历史变革和进步，同样是与“沉痛”、“罪恶”、“代价”相伴相随并以此来开辟进步“通道”的。人类工业革命近400年来如果我们站在人类文明发展观高度去审视工业化生产方式的历史意义，看看它的历史进步及付出的“阵痛代价”，再看看它的“阵痛代价”及其催生的社会进步，那对理解历史的发展进程及其当今人类面临的发展困境，将会得到许多有益的启示。

择其要者，我们简要谈谈七个方面的问题。

第一，催生了近代西方思想启蒙运动

凡是穷极则变。黑暗的中世纪导致了西方人的大觉醒。当年，西方世界在文艺复兴运动的推动下，自然科学取得了很大进展，科学家们揭示了许多自然界的奥秘，使宗教教会原有的很多说教不攻自破。另一方面，随着资本主义工商经济的发展，新兴资产阶级要求摆脱封建专制统治和教会压迫的愿望日益强烈。

这种矛盾冲突，首先表现在思想文化领域，并由此在17世纪及18世纪的欧洲掀起了一场轰轰烈烈的以反封建专制统治和宗教教会思想束缚为标志的思想解放运动。它是文艺复兴时期反封建、反禁欲、反教会斗争的继续和发展。启蒙运动相信，人类理性发展和科学知识是可以解决人类自身存在的基本问题的。但是，由于人类迄今仍处于黑暗之中，所以还受着封建专制统治和宗教教会的“黑暗奴役”。只要用人类的理性之光去启蒙，就能驱散黑暗，引向光明。启蒙运动的思想家们由此激烈批判封建专制主义和宗教愚昧，竭力宣扬自由、平等和民主学说。

思想启蒙运动拉开了人类思想文化、思维理智领域的现代化进程。工商文明的崛起，也是必然要形成代表自己利益的“意识形态”的：一方面为摧毁维护旧的生产方式及其社会制度、社会意识形态而呐喊，另一方面又为催生新的生产方式及其社会制度、社会思想文化而欢歌。没有工商文明的问世，自然形不成呼风唤雨的“启蒙运动”。

第二，催生了资产阶级的“民主”变革

随着工商业经济的萌发和成长，工商业者、有产者和农场主阶层也不断壮大。他们不但与封建王朝在经济利益上发生了冲突，而且逐渐成为一支日趋独立的强大政治力量登上历史舞台，进而工业化国家先后发生了具有划时代意义的资产阶级民主革命运动。

启蒙运动是近代人类现代化变革的“头脑序幕”，它从思想理念、学术理论上系统论证了封建制度的不合理性，提出了一整套新的思想理论、政治纲领和社会改革方案，呼唤建立以“理性”为基础的新的社会形态。启蒙运动的思想家、政治家们企望用政治自由对抗专制暴政，用信仰自由对抗宗教压迫，用自然神论和无神论来摧毁天主教权威和宗教偶像，用“天赋人权”理念来反对“君权神授”的旧思想，用“人人在法律面前平等”来反对封建贵族的等级特权，进而呼唤建立资产阶级的民主政权。

因此，思想启蒙运动事实上既是一场反封建、反教会的思想文化革命运动，又是一场资产阶级正式登上历史舞台所进行的社会革命运动。思想启蒙运动直接或间接地导致了资产阶级政治革命以及后来社会主义运动的兴起，从而推动人类社会开启了波澜壮阔的整个现代化历史进程。

自然经济、农耕文明生产方式及其封建专制社会制度走向“黑暗愚昧”的“极点”，加之工商文明的缓慢成长，最终导致了西方思想启蒙运动和资产阶级的民主革命，产生了资本主义生产方式和资产阶级占统治地位的国家形态。这是人类现代文明的巨大进步。但资本主义的生产方式及其经济、政治、文化和生活逻辑，在推动历史文明进步的同时，又同样铸造出了许许多多“罪恶悲剧”，使这种文明进步付出了沉痛代价。

第三，催生了全球化和民族变革

随着工商文明的发达和资产阶级日趋成为社会主导力量，再加上科技进步和航海技术的进步，发达国家的工商产品和贸易活动便伴随着军事入侵而不断地向世界各个角落拓展，客观上促使人类步入了第一轮全球化浪潮。

但在当时那个时代，人类社会还尚未形成平等互利、文明规范的交易规则，各国之间的经贸活动往往伴随着野蛮的军事战争和殖民化运动。这样，工商文明在世界范围的拓展和传播过程，实际上成了一个全球化（开放性）与反全球化（封闭性）、殖民化与反殖民化、侵略与反侵略相伴相行的过程。

我们知道，民族是由动物群居、部落、氏族、种族演化而来的。一般地说，人类历史上出现了跨种族的国家组织（形态），就意味着民族国家的产生。当然，作为伴随着资本主义经济政治力量壮大而导致封建国家解体后才形成的“民族国家”，则是十六、十七世纪后的历史现象。在工商文明全球化进程中，更是不可避免地突破了民族、国家界限，同时也不可避免地会催发出民族主义、爱国主义，甚至狭隘的贸易保护主义、民粹主义的成长。事实上，全球化与民族主义（反全球化）是一个问题的两个方面。人类第二次世界大战前后，风起云涌的反殖民化的民族主义解放运动，就是对那种民族不平等的、殖民化的传统全球化运动的一场革命。鉴于第一次世界大战、特别是第二次世界大战和反殖民化运动的沉痛教训，以成立联合国为主要标志，世界政治、军事、经济等领域都建立了新的制度规则和世界性相关组织机构。比如，在经济领域的世界经贸组织、世界金融货币体系、世界银行等，既是对以往充满野蛮侵略色彩的全球化的扬弃性否定，又是开启人类新一轮全球化的规则创新和重要标志。第二次世界大战后，人类的全球化和全球治理便进入了一个崭新的发展阶段。

但是，民族主义总是伴随着全球化进程而时起时落，从未停息过。事实上，只要有国家的存在，或者说只要国家还是“民族国家”，就必然会存在着民族主义。民族主义是爱国主义和民粹主义的共同种子，引导的好就是积极健康的、开放自强的爱国主义，走向另一极端便是民粹主义。所以，对民族主义不可一味否定，也不应全盘肯定，而应重在引导，趋利避害。

也许我们同样可以说，人类的全球化和民族主义运动（包括民族国家形成、民族解放运动、民族主义思潮等）的兴起或时起时落的演变，都直接或间接地导致于工商文明的发展。

第四，催生了无产阶级的“共产共享”变革

近代的工商经济发展催生的另一个后果，就是社会阶层结构的巨大变革。

在资产阶级登上历史舞台的同时，也造就了另一个日益庞大的新兴阶级——工人阶级（无产阶级）的诞生。资本家阶级与工人阶级既有利益的共同性，又存在着矛盾性，当工人日益成为资本榨取剩余价值（利润）的奴隶、劳动异化为违反人性自由的痛苦行径时，工人阶级对资产阶级的反抗便逐步演变为自觉的工人革命运动，即社会主义思潮及运动。

特别到了十九世纪中后叶，工业文明或说工商文明的发展模式带来的严重负面问题日趋大面积地凸显了出来：机械化生产大规模推行后，人（工人）成了机器的附属物，成了机器的奴隶，不是机器为人服务，而人则成了机器的一个部分、一个镙钉；生产效率的提高，同时导致了社会贫富差距（资本家与工人）的快速两极分化，再加上社会保障制度严重滞后等问题，进而使社会矛盾、特别是资本家与工人的阶级矛盾逐步激化。这样，自人类社会产生以来似乎就天然存在的公正、公平、正义需求（包括平均主义），便又一次前所未有地走到了历史前台，社会呼声日趋高涨，思想界、学术界开始反省反思，批判社会现实的思潮愈演愈烈，同情工人、平民疾苦的思想舆论一浪高过一浪，人们从各种角度去寻找“破坏旧世界、创造新世界”的“救世良方”，各种思想学说及社会运动便纷至沓来。

“社会主义”思想理论及后来的社会主义运动，这是其中一种影响越来越大的思潮并日益与工人运动及其政党活动相结合，最终成为由空想到科学、由理论到实践的历史大潮流。社会主义、共产主义本质上是追求一种社会财富“共产共享”的社会理想（学说）。马克思通过科学分析商品的内在属性和资本的内在运动规律，揭示了劳动创造商品价值和剩余价值、财产个人私有与社会化大生产的内在矛盾以及无产阶级联合起来埋葬资本主义的必然逻辑，从而建立了包括阶级斗争理论在内的科学社会主义之学说，并成了共产党人革命实践活动的基本理论依据。

列宁等俄罗斯共产党人运用马克思主义理论，结合俄国实践，发动了“十月革命”，取得了由社会主义科学理论到革命实践再到建设社会主义实践的伟大创造，开创了人类历史发展的新纪元。但后来由于逐步陷入僵化的发展模式等原因，导致苏联解体和苏联共产党丧失政权。

中国社会主义革命和建设实践经过艰苦探索，特别是经过改革开放的变革创新，逐步形成了富有中国特色的社会主义理论、道路、制度和文化，并不断丰富完善，使其充满生机和活力，以举世瞩目的骄人成就，展现出巨大的制度优势和发展优势。我们可以十分自信地期待：中国特色社会主义将引领我们实现中华民族的伟大复兴，也将振兴世界社会主义和开创人类文明发展的新道路。

第五，推动了先发国家的“改良型”变革

工商社会的大规模商品生产和经营活动，使资本家阶层与工人阶层矛盾突出，社会财富的聚集化使贫富差距迅速扩大，对外扩张又导致世界民族矛盾激化，国际国内矛盾的频发和激化，严重影响了工商社会的稳定发展。

正是在世界整个社会变革运动的冲洗下，许多老牌资本主义国家经过痛苦的调整和改良，比如，允许工会组织存在并合法活动，以及建立健全社会保障制度等，才得以“垂而不死”并继续生存下来和发展起来。

人类社会发展进步，通常有革命与改良两大方式。革命方式是激烈的、根本性、颠覆性的变革，是一个集团（包括阶级、政党、军队等不同利益集团）推翻另一个集团的统治地位，并使社会制度、社会利益关系进而社会结构或社会形态在短期内发生重大变化的历史运动，它通常是你死我活的。改良则是温和、渐进、修补性的变革，通常是在不改变社会基本制度、基本形态、基本结构前提下的自我改革或自我完善运动。

改良是社会发展进步的常规性、常态化方式，革命则是非常时期、迫不得已的方式。尽管改良、革命都会付出进步的代价，但改良的代价通常要比革命少得多（当然，需要社会革命时则必须付出应付的代价）。我们平时讲的变革、改革，实际上就是一种自我完善的改良，这种改良规模、力度比较大时，至多也只能说是一种“自我革命”式的改良。

第六，推动了世界的“城市化”变革

大规模工商业发展带来了人类生存生产生活空间结构的历史性变革，这就是城市化的快速提升。

城市的诞生和发展，极大地推动了经济等要素的集聚，有效提高了生产生活效率，也打破了人类几千年来以农村为主导的社会空间结构形态，成为推动人类文明进步的又一个重大的载体和动力。

但城市化也带来了城乡差距扩大，尤其是带来了一系列日趋突出的“城市病”。比如，城市环境恶化、城市交通堵塞、城市住居拥挤、城市犯罪集中、城市生活缺乏人情味，等等，都是令世人头痛的难题，这也是工业化和城市化直接或间接导致的“副产品”。

当然，针对越来越严重的“城市病”，人们也越来越倡导工商文明、城市文明反哺农村，采取加快农村基础设施建设、改善农村生产生活条件，同时疏解和优化城市功能、控制城市人口、美化城市环境等措施，以提升城乡一体化和城市宜住水平。所有这一切，虽然有效缓解了城乡矛盾和“城市病”，但人们在享受城市文明成果的同时，仍将不可避免地要继续吞下种种“城市病”的苦果。

第七，推动了人类发展环境的“生态化”变革

生态环境是人类一切生产生活活动的基础。对人类来说，生态环境事实上是一个包括自然界、社会、人、生产生活、思想文化等在内的有机整体系，所以我们采用“人类发展环境”的范畴来泛指生态环境。当然，人类生产生活的生态环境最为基础的仍是自然的生态环境。但要解决好自然生态环境问题，则最根本的是在于解决人类的生产生活方式问题。

大家知道，工业化、城市化发展到了二十世纪三、四十年代，因其对自然资源的吞噬式开发、利用而对生态环境造成的严重破坏后果，先后集中爆发出来。当时曾引发了一系列生态灾害事件，如伦敦雾都等八大环境公害事件的爆发。由此，也引起我们人类对工业文明弊端的反思。到了二十世纪五六十年代特别是七十年代，这种反思达到了新的高度。最早理性地看到这类生态危害的是美国生物学家卡逊，他在 1962 年发表的《寂静的春天》一书中，从农业角度阐述了各种农药滥用对自然环境造成的严重恶果，并指出生态环境如不解决好，人类将生活在“幸福的坟墓”之中。1972 年环

境保护运动的先驱组织、著名的罗马俱乐部发表了《增长的极限》，警示世人：人口与经济的快速增长、资源的快速消耗和环境污染将使地球的支撑能力达到极限。如此等等理念，引起了巨大反响。使世人开始逐步形成共识，不断重视环境资源保护。1972 年在斯德哥尔摩首次召开的联合国人类环境会议，鲜明提出了"只有一个地球"的口号，这成了世界环境保护史上的一个历史性的转折点。之后，联合国每年都召开可持续发展大会、世界气候大会，环境问题上升到了国际化的高度。

毫无疑问，工业文明为人类文明发展作出了了不起的贡献，它创造了一个新的世界。但它同时也带来了很多自然的、社会的生态问题。在思想文化领域，人们从哲学视角进行了反思。西方近代以来原本是以人为中心的人文主义、人道主义占据着主导地位，这就是立足关注人自身而不太关注自然的人本主义和立足关注个人自由、权利的个人主义。后来，人们终于意识到：不能因为对人的关注而对自然界过度开发、更不能去破坏、征服自然，从而对人类中心主义哲学理念开始进行怀疑和批判。到了上世纪七、八十年代后，以人为中心的人本主义便不再是现代西方的主流思潮了。

"以人为中心"、"以人为本"思潮在历史发展进程中，比如在西方启蒙运动和反封建反神学中，曾产生过积极的进步作用，但彼一时彼一时，面对人类对自己能力缺乏合理有效的治理和管控，并造成自然和社会生态环境严重破坏时，这种人本主义理念便失去了其历史的合理性。我们不应人云亦云，拾人牙慧。

用我们今天的哲学理念来讲，人类只有做到合规律性、合必然性与合人类目的性的统一，或者说天人合一，才是解决全球生态环境困境的根本出路。人、自然和社会这个大系统要尽可能地和谐统一起来，才能彼此呵护，实现可持续发展。在我们中国，现在就体现在美丽中国、绿水青山就是金山银山等战略思路和理念上。以习近平为核心的党中央提出了创新、统筹、绿色、开放、共享的发展新理念，这可谓是人间“正道”，是解决当代世界全球发展困境的“中国方案”。

总之，工业文明发展方式不但带来了社会生产力的巨大变革和科学技术的巨大进步，而且也导致了社会结构、社会制度、社会思想文化和人们生活方式的巨大变革和文明进步，但这种文明进步都是以“问题为导向”，都是付出沉重代价后获得的。对历史进步和社会发展而言，理想主义与悲观主义、现实主义与虚无主义都是一种不切实际的形而上学，唯有历史辩证法才能超越世俗的迷雾，而达到在代价中开辟进步之路的真理彼岸。

（三）生态文明：工业文明沉痛中的“解救”

人类文明形态进程依次是部落文明、农耕文明，再进入到工业文明。到目前止，虽然工业文明占居主导地位，然后，生态文明的曙光正大踏步向人类走来。

当然，工业文明之后到底会转入到什么样的文明形态，目前尚难定论。有人讲是知识文明，更多的人是讲生态文明。但不管怎么个提法，从发展趋势来看，传统工业文明是建立在高能耗、高排放、高污染、高消费基础上的大机器生产方式和生活方式。这种生产方式，使人类的物质生活得到了极大的提升和改变，但同时也出现了很多生态环境问题，包括：水污染，大气污染，固体废弃物污染，酸雨，荒漠化，森林锐减，资源减少，生物多样性丧失，臭氧层损耗，全球气候异常变化，持久性有机物污染等。

出路何在？基本方向已经明确：那就是生态文明；基本路经：就是走可持续发展之路。从这种意义上可以说，虽然人类仍处于工业文明的发展阶段，但生态文明确实已越来越呼之欲出了。

从人类和自然的关系角度来讲，早期人类原来是惧怕自然的，对自然界长期处于一种恐惧的状态之中，属于一种被动适应、屈从并主要依靠部落群体方式而生存的阶段，即部落文明时期。然后，人类逐步适应自然环境，逐步学习利用自然力量，到了农耕文明时期，可以说已经进入了一个适应自然和主动融入（有了部分人化改造）自然的发展阶段，并以农耕劳作为基本形态。第三大历史阶段是所谓的改造自然、征服自然的工业文明或者说工商文明阶段。在这个阶段，以大规模生产、加速化发展为主要特征，整个人类文明加速度发展。原来农耕文明主要是一种自然循环式进行的生产方式，“投入产出”的周期很长，但到了工商文明阶段，整个人类的生产方式呈现出加速化、规模化、批量化的状态。这样，就需要自大量的能源、资源来支撑生产及大规模的市场需求。这个阶段，人类以强大的力量去改变自然，甚至去“征服自然”，大有“人定胜天”之势，但自然界很快以自己的方式“反击”、“惩罚”我们人类。

所以，工业文明之后，我们不得不开始反思传统的工商文明方式，进而提倡以保护自然、保护地球、保护气候环境进而改善人类生产方式和生活方式为主导的生态文明。

生态文明要求我们人类要尊重自然，自觉主动地与自然界相适应，追求天人的和谐统一。这是否定之否定基础上主动适应自然的文明形态，它是在农耕文明、工商文明基础上的“适应自然”，是更高形态的人类生存和发展的文明形态。

路漫漫其修远兮。我们人类目前还尚未真正形成以生态文明为基本特征的一种比较成熟的发展模式，只是处于艰难的探索阶段。不过，这种“探索”已不是局部、个别国家的探索，如今已成燎原之势，成为全球性现象了，因而成为了一种发展的必然趋势。

由此看来，生态文明是工商型生产方式在创造巨大历史进步过程中产生“阵痛”的“解救”，是付出沉重代价后的“觉醒”和进步。

生态文明建设的关键，在于真正形成整个人类的生产、生活建立在低能耗、低排放、可循环、再利用、可持续基础上的一种发展方式，其要害是，能不能形成再生资源和生态优良的环境来支撑整个人类的生产生活和生存发展系统。

至于工业文明形态是否会被生态文明形态所取代，尚需历史发展来证明，但可以肯定的是：无论工业文明的自身发展进步还是别的新的生产方式的诞生，都是要通过突破“阵痛代价”后来实现的。“生态文明”虽然尚来成为我们人类占主导性的生产方式，但它正日趋成为工业文明的负态化效应的“正果”而走进人们的生产生活方式之中。这是工业文明付出代价后的历史进步。

中国共产党是一个对历史、社会和人类命运共同体都具有高度理性自觉和使命意识的先进的执政大党。从党的十七大第一次提出了生态文明的概念，到党的十八大将其作为战略任务，提出经济建设、政治建设、文化建设、社会建设、生态文明建设“五位一体”的总体布局，对生态文明的重视程度达到了前所未有的高度，对中国特色社会主义建设规律和人类社会发展规律的认识达到了新的历史高度。生态文明建设是一切发展进步的前提，没有生态文明建设，其他建设就会失去自然载体和良好生态环境。在实现社会主义现代化和中华民族伟大复兴这个总任务之中，如果没有生态文明建设，就会陷人生存和发展的危机，无法实现中华民族的永续发展，现代化和民族复兴的目标也将无法实现。绿色、循环、低碳道路正是我们通向永续发展的根本大计。

中国共产党倡导并实施的生态文明建设和“美丽中国”建设，不但开辟新型工业化、新型城镇化及整个生产生活方式的可持续发展道路，而且还将为人类应对“全球气候变化”等日趋恶化的生态危机，提供“中国方案”和“中国智慧”。

第三篇

价值的烦恼

“公说公有理，婆说婆有理”。中国古人早就知道这个朴素道理。人们对各种事物常常莫衷一是，各持异见，于是纷争不断，甚至刀枪相见，战火连连。为什么呢？

原来，这是由人们的知识宽狭、阅历经验的多寡、素养的厚薄、看待事物的视角等各不相同造成的。但其中一个更为根本性的缘由，是人们的利益取向、利害相关度不同。这就是价值利益问题。我们通常讲，人们的理想目标、信仰追求不同，或者说世界观、人生观不同，后来又加上了一个“价值观”不同。其实呢，理想信念、世界观、人生观或者对领导人来说还有个权力观，背后的实质是价值观问题。

在中西思想史上，各个时代都会探讨现实社会“利益价值”问题，包括社会成员、社会阶层、社会集团之间的争斗，历史进程中的社会运动、事件的冲突与评价等利益的价值问题。但是，专门从哲学或价值哲学角度去探讨“元价值理论”的并不多见。当然，从伦理道德维度去研究价值、评价问题的论著还是很多的。所以，我们在中西思想、哲学史上能看到大量伦理学著作，而较少见到“价值学”方面的专著。

可喜的是，不说国外，我国在上世纪七十年代末、八十年代初在思想理论界掀起的“人在马克思主义理论中的地位”、“实践是检验真理的标准”、“真理与阶级性”、哲学界的“人的主体性”等重大学术理论问题大讨论，直接触及到了不同主体人（包括国家、阶级、阶层等主体）的利害关系的价值问题，而这里的价值已远远不是伦理道德的“价值判断”所能完全囊括的。也就是说，时代实践呼唤着作为最高最深层面的哲学意义上的“价值论”的问世。

于是，在哲学、理论界兴起研究讨论价值问题的热潮中，各类“价值论”、“价值哲学”的论文、专著便横空问世。本人也较早地参与了这场讨论，其代表作有“理性认识回到实践活动的中间环节初探”“事实检验与价值检验”“价值真理、实践真理与真理的阶级性”“主体客体间意识关系三层次浅议”等论文。尤其是“理性认识回到实践活动的中间环节初探”一文，作为我1982年硕士毕业论文，刊发在《哲学研究》1983年第2期上。令我感到意外的是，《哲学研究》在刊发我的硕士学位论文时，还专门加了编者按语。其按语是：

> “本文提出，在理性认识回到改造世界的实践活动过程中，必然地存在着一个观念的中间转化环节，可以称之为‘实践观念’。文章从理论、事实和哲学史等方面论证了为什么存在中间转化环节，并分析了‘实践观念’的含义、内容、特点及其在认识总过程中的地位。此文关于从理性认识到实践的飞跃是如何实现的论述有启发作用，值得一读。从理性认识到实践的飞跃，是马克思主义哲学认识论的一个基本理论问题。搞清楚这个问题，无论在理论上还是实践上，都具有重要的意义。但过去哲学界对此研究得不够，发表的专论也甚少。我们刊载这篇文章，期望引起读者的注意，以就这个问题进行深入的研究和讨论。”

为纪念《哲学研究》复刊12年（1978年复刊）周年，该刊编辑部在1990年第1—3期以《反思有益于前进》为题发表了长篇评述文章，对复刊12年以来的哲学理论进程作了系统回顾和展望。该文在谈到本人的《理性认识回到实践活动的中间环节初探》时，又作了如下高度评述：

> “本刊1983年第2期发表的《理性认识回到实践活动的中间环节初探》一文提出的‘实践观念’问题，就是一个具有重要理论价值和现实意义的课题。起初，这个问题只是为了探讨认识过程的第二次飞跃的机理而提出来的。但它一经提出，就引起了广泛注意和热烈讨论，引出了理论观念和实践观念、真理和价值、两个尺度、理性因素和非理性因素、认识和实践活动中真善美统一等一系列重要问题。”

这篇文章还获得了首届中国社会科学论著优秀奖。

我在该文基础上又拓展成了《实践观念论》一书（中国社会科学出版社2014年11月第1版）。另外，考虑到《事实检验与价值检验》（原刊发《国内哲学动态》1983年第2期）一文，虽已收录于该书中，但自以为极有意义，是学术界首次鲜明提出了这两种不同类型的“检验”问题，对深化真理标准讨论具有启发意义，加之文字不长，本文集亦予以收录其中。[①]

一 价值哲学论纲[②]

在马克思墓的墓碑上刻着他那振聋发聩的宣言：哲学家们只是用不同的方式解释世界，而问题在于改变世界。让我们再斗胆地追问一句，改变世界又是为了什么？

---

① 该篇的上述文字写于2016年11月6日。

② 本节原载《人文杂志》1986年第5期。

（一）价值哲学的研究对象

在人与世界、主体与客体之间，不但存在着认识与被认识（反映与被反映）和改造与被改造（实践与被实践）的关系，而且还必然地存在着满足与被满足（需求与被需求）的关系。因此，在完整的马克思主义哲学体系中，必须有狭义的认识论、改造论（即狭义的实践论）和价值论。价值论着重说明世界对人的意义，人在世界中的地位和作用，人为什么要追求价值，怎样创造价值，价值的实质、类型，等等。当然，认识论、实践论和价值论之间是相互渗透、相互制约、相辅相成而不可分离的。但是，把它们加以科学地抽象，相对独立地区分开来进行研究和探讨，是可能的也是十分必要的。

具体来说，价值哲学是从功利、意义、好坏、利害方面去探讨主体与客体、人与世界关系的一门哲学学说。它要探讨价值的本质、特点和存在的根据；价值在理论和实践中的地位和作用；价值的类型和结构；价值哲学与各门具体学科中价值论的关系；社会、文化与个体之间的价值结构；价值的形成和实现；价值的认识和创造；价值评价与认识、实践的关系；价值的方法论功能；等等。

（二）价值思想史

价值作为一个人文科学的范畴，是古老而又"年轻"的。说它古老，是因为自古以来，在伦理学说中就有一个专门探讨"什么是善"的价值观。伦理学中的"价值观"，实际是"价值哲学"中的一个分支、一个部分。在西方，"价值观"后来又从伦理学扩展到美学和宗教领域。说它"年轻"，是因为到了19世纪中叶，才由德国的新康德主义者赫尔巴特、文德尔班、李凯尔特等，将它引入广泛的人文科学，并提升到哲学普遍性的高度。文德尔班最早提出了"价值哲学"的概念。现在，价值已成为当代西方社会科学领域中一个具有广泛重要意义和方法论功能的新范畴，并且形成了一门"价值学"，越来越受到社会的重视。

当然，在现代西方社会科学中，实际上并不存在着一门统一的"价值学"。按照对价值本质的不同观点，有五花八门的价值理论。其中主要的学派有：

认为价值的本源和本质是人的生物—心理上的需要的自然主义心理学的价值论；

认为价值的实质是纯粹的、先验的理想存在和标准（理想化的"标准"）存在的先验主义的价值论；

认为价值来自上帝，上帝是最高的价值、最高的善的神学主义（如新托马斯主义）的价值论；

认为人格（常指个体的人格）是至高无上的价值，是社会的最珍贵的财富的人格主义的价值论；

以及着重探讨社会、文化领域里的价值问题，认为价值是多元的、相对的文化历史的相对主义的价值论；等等。

我国自古以来，在道德和人生学说方面的价值思想，是相当丰富的。在价值观上，中国文化传统是重义轻利的。从孔子的"君子喻于义，小人喻于利"，到董仲舒的"正其谊不谋其利，明其道不计其功"、宋代理学的"存天理灭人欲"，直至近现代的学术思想，大都贬低物质享受的价值，推崇片面化了的人的（精神）价值。这类伦理价值观和人生价值观蕴含着丰富的遗产，但必须剔除糟粕，批判地继承。

在20世纪50年代以前，苏联哲学界对价值是比较忽视的。他们起初也往往只把价值看作属于伦理学和美学领域里的范畴。后来，他们越来越注意对价值理论的研究，认为价值是人类改造世界的实践活动的产物，并力图把马克思主义哲学反映论和价值论统一起来。

在我国，直到最近几年，价值问题才引起哲学工作者的极大关注，并围绕着价值、价值认识、价值真理、价值评价的含义和实质，价值与认识、事实认识与价值认识、事实真理与价值真理的关系等问题，进行了初步的研究。

（三）价值与马克思主义哲学

价值是不是哲学的研究对象？“价值”是不是一个哲学范畴？它在马克思主义哲学中的地位和作用如何？对这些问题，我国哲学界还很少触及。

本来，在马克思主义经典作家们的理论体系中，包含着丰富的（但不是完整系统的）价值理论方面的遗产。如商品使用价值的理论；劳动和劳动对象是一切财富源泉的思想；需要和动机、利益和目的的关系的思想；世界的人化和人的对象化的思想；革命功利主义的思想；等等，都直接或间接涉及价值理论。然而，长期以来，我们对此研究得很不够，或者说往往被忽视了。

我们认为，价值既是各门人文科学的研究对象，也是哲学的研究对象。价值就是一个反映主体与客体、人与世界之间的特定关系的范畴。这种特定关系就是主体和客体之间需要与被需要、满足与被满足的关系。价值范畴一方面表征着客体及其属性向主体和主体需求的接近、运动，即世界的人化；另一方面表征着主体和主体的需求向客体的接近、运动，即主体的对象化。“物的主体化”（客体的需求化、人化）和“人的客体化”（人的对象化、需求的现实化）的历史的、辩证的统一，这就是价值范畴的哲学实质和意义。

我们知道，哲学的基本问题是思维与存在的关系问题。哲学本质上是一门探索人与世界、思维与存在、主体与客体（这里从三个命题的等价意义上来理解）关系问题的学问。而作为主体的人的需求同客体及其属性之间的功用关系、利害关系、满足关系，就是价值关系；价值是主体与客体之间的基本的关系之一；价值范畴是哲学掌握主体与客体之间全部关系的一个重要纽结；价值是解开人与世界、主体与客体之间相互关系以及认识活动和实践活动真正动因的钥匙。

价值范畴和价值理论的确立，价值哲学问题的深入探讨，必将进一步丰富和完善马克思主义哲学。哲学基本问题的理论也将得到充实和具体化。

（四）价值存在的根据

所谓“价值”，是指外界客体对主体的存在和发展所具有的一种积极的作用和意义。凡是对人类的生存和发展有积极作用、有积极意义、能满足人们一定需求的事物（包括人们自己的行为），都是有价值的。

生存，是一切动物的本能需要。人也是如此。但人不是一般的动物，而是社会的动物。他有意识性、能动性和创造性。因此，他不但要生存，还要求而且也能够生存得更好，同时还必须全面地（这是一个历史的过程）发展自身。正如恩格斯所说的：“人不仅为生存而斗争，而且为享受，为增加自己的享受而斗争。”[①] 客体的存在及对主体的功用、利害关系，主体的生存和发展的现实需求，这是价值现象存在的必然根据。

世界创造了人类，而人和人面对的现实世界又是人自己创造的。

人类生存和发展的需要、物质和文化的需要，乃是人们百折不挠地改造世界，孜孜不倦地认识世界的最初的也是最后的动因。

价值如同人体中的神经、细胞和血液，它渗透在人们认识活动、实践活动和其他一切活动的过程之中。正因为如此，认识活动和实践活动本身也成了有价值的活动，即创造价值或为创造价值服务的活动。

---

① 《马克思恩格斯全集》第34卷，人民出版社1972年版，第163页。

这就是价值现象普遍存在的原因。

（五）价值的本体论

价值本体论就是要历史地、具体地揭示价值生成的基本条件、客观依据，说明自在世界、外界客体是怎样被纳入价值系统，怎样向价值形态转化的。从这种意义上说，价值本体论实则是价值的根据论。这是唯物主义基本原则在“价值哲学”中的具体贯彻和表现。

客观世界、外部客体是价值的载体和承担者，价值离不开客体及其属性。同样，价值也离不开主体和主体的需求，主体和主体的生存与发展的需要，是价值关系的“灵魂”，是价值产生的内在依据。同一个客体及其属性可以和不同的主体发生不同的，甚至相反的价值关系，这主要是由主体的不同需要造成的。因此，不同性质的价值关系虽然离不开客体因素的制约，但更重要的是取决于不同性质的主体需要。

客观事物及其属性在尚未同主体人的特定需求发生价值关系，人们还未认识和利用它的用途之前，就不具有现实的价值，而只能是一种“自在的价值”，或说是“潜在的价值”。同样，当主体的需求尚未同客体的一定用途发生价值关系之前，也不是现实的价值需求，而只能是一种可能的、潜在的“价值需求”。

客体及其属性的价值化，“潜在价值”向现实价值的转变；主体及其需求的价值化、现实化，潜在的“价值需求”向现实的“价值需求”的转化，是一个社会的、历史的、发展的辩证过程。

（六）价值认识论

价值认识论在于说明主体感知、认识和评判价值关系的机制及其过程。

当主体和客体发生价值关系的时候，客体的性质就发生转变，它既是价值的客体，同时又是被认识的客体的一个要素；主体也既是价值的主体，又是认识的主体。主体和客体都融这种两极反向结构于一身。人与其他生物不同，有思维机能和自我意识的功能，能意识到自身的物质文化需要以及这种需要同客体之间的关系，即价值关系，并且在感知、认识的基础上，对这种价值关系做出自己的评价，从而使认识的主体和价值的主体达到矛盾的统一。

主体作为认识的主体，他对自身与客体之间价值关系的反映和说明，就是价值认识。价值认识是一种对主体与客体之间价值关系"是什么""是如何""是怎样"的事实性认识，因而是一种对价值关系事实的认识。而对主体与客体之间价值关系的正确反映和正确认识，就是价值真理。把事实认识同价值认识、事实真理同价值真理对立起来和决然分割开来，是不可取的；看不到主体人对价值关系既有价值事实的认识，又有价值事实的评价，把价值认识和价值评价混为一谈，也是片面的。

但是，事实认识意义上的价值真理，是低级的、初步的，只是一种"不错"的真理，用黑格尔的话讲，是一种"不错"的形式真理。

由主体与客体之间价值关系的认识，必然要进展到价值评价。价值评价就是主体对价值关系进行了价值认识之后，把已经被感知、被认识到了的价值关系纳入主体的价值天平上，加以衡量、比较，并对这种价值关系与己、与人是否有效用、有功利、有作用、有意义，能否满足一定的需求并能满足到何种程度，值不值得去追求等问题在观念上做出的一种判断。在价值评价活动中，客体由价值认识中的认识客体，转化为价值客体；主体此时才真正以价值主体的身份出现；主体与客体之间的价值关系也由原先的事实对象，转化为被评价的价值对象。

价值评价活动的产物是形成一定的价值观念。正确的、合理的价值观念，就是价值评价的真理，或者说是评价性的价值真理。只有既符合客体的本质和发展规律，又符合社会合理性原则（同时也可以符合主体自身的需求）的价值观念，才能称得上是评价性的价值真理。这种真理是一种高级的、理性的、社会的、内在的价值真理。在价值评价活动中，主体既要站在自己的立场上，以个体的身份出现，又要站在他人、社会的立场上，以社会主体的身份出现，去评价主体与客体之间的价值关系。因为任何主体都是社会中的主体，都既有个人的价值尺度，又有社会的价值尺度。在这里，我们可以看到，始终有一个"第三者"——社会主体在起作用。个体的价值尺度与社会的价值尺度的矛盾，正是价值问题复杂性之根源，而要揭示价值的秘密，关键也就在这里。

主体自身的价值尺度和社会价值尺度的历史统一，就是价值标准。价值标准既取决于主体与客体之间的价值关系、认识关系和实践关系，又取决于主体所处的社会环境、社会地位、传统习惯、文化心理、专业爱好、知识结构、社会经验等因素。价值标准是一个具有多层次、多结构的复杂系统。价值标准的最高、最理想的形态是有利于人类的生存和发展，是"真、利、善、美"的有机统一。

（七）价值目标（目的）论

价值目标（目的）论在于说明主体对当下的、未来的价值关系的选择和价值目标的确立的过程。

价值评价活动必然要导致主体做出价值选择。在价值评价的过程中，已经内在地包含了价值选择的因素，价值选择是评价的结果。

主体根据价值评价中所形成的价值观念（内含着价值标准），对眼前和未来的主体与客体之间的价值关系做出取舍的决策，就是价值选择。如果某种价值关系是符合客体发展规律和个体需求与社会需求的，主体就认为这种价值关系是有价值的，是值得去追求的；反之，则被认为是没有积极意义的，即有负价值。价值有质的

（正负）和量的（多少）两种形态，对价值的选择也包括质的选择和量的选择两个方面。

但是，处于价值选择阶段上的价值关系，原则上仍然是一种理论上、观念上的“关系”，还必须占有它、实现它；而绝大多数的当下价值关系又并非完全理想的、合目的的，往往需要经过相应的改造和“修正”，才能达到优化和理想的状态；此外，主体不但有眼前的价值需求，还有未来的价值需求。因此，主体在对当下价值关系选择的基础上，还必须对未来的价值关系（包括尚未实现的眼前的价值关系）实行超前的反映。这样，在现实地追求和创造价值的实践活动之前，就形成了价值目标。

价值选择必然要导致价值目标的确立，而价值目标是对理想的价值关系的选择和确认。

价值目标的内容，即所指向的对象，有长远的，也有近期的；有物质的，也有精神的；有社会的，也有个人的；有高层次的，也有低层次的；等等。

价值目标是主体追求价值活动的内在根据，是人类活动的一个基本特征。马克思说：“劳动过程结束时得到的结果，在这个过程开始时就已经在劳动者的表象中存在着，即已经观念地存在着。他不仅使自然物发生形式变化，同时他还在自然物中实现自己的目的。”① 人们在生产活动之前，就事先“在观念上提出生产的对象，把它作为内心的图像，作为需要、作为动力和目标提出来”②。主体一旦确立了自己追求的价值目标，就会把自己的情感、意志、信念、行动都集中到这个目标上来，使自己的行为自觉地、专注地服从于和服务于这一价值目标。因此，价值目标是主体从事价值创造的实践活动的直接动因。

---

① 《马克思恩格斯全集》第 23 卷，人民出版社 1972 年版，第 202 页。

② 《马克思恩格斯全集》第 46 卷上册，人民出版社 1972 年版，第 29 页。

（八）价值创造论

价值创造论在于说明主体客观地、现实地创造价值对象的过程。

人类自身生存和全面发展所需要的价值物的来源，只在极为有限的范畴内（不等于不重要）直接由自然界的天然产物来提供（如太阳的阳光、空气等），大量的则是需要通过主体的活动自己去创造。

人们创造价值对象的活动过程，就是价值目标外在化、现实化的过程。

价值目标的确立，就已经包含着创造活动的因素和动力。因为价值目标意味着主体已不满足于当下的现存事物，反映着主体要占有、要争取、要创造一定的价值对象。价值目标把主体的特定需求指向特定的价值对象。但是，未进入创造活动的价值目标，毕竟还只是一种理想的目标，是一种观念性的东西，而不是一种客观的、现实的价值物。正由于价值目标的观念性和指向性，才使得它具有强烈的否定自身、超出自身，向客观化、对象化、现实化运动的内在机制和趋向。因此，在价值目标中，就逻辑地包含着主体要进行创造价值的实践活动的内在根据。主体为了获得现实的价值对象，就必然要超出价值目标的观念范围，而进入创造现实价值的实践活动领域。

创造价值活动的过程，就是主体客体化、人的需求客观化和人的本质力量的对象化的过程。一方面，通过创造价值活动，世界得到改变，客体得到改造，并使世界成为人化的世界，客体成为人化的客体。另一方面，主体在创造价值活动的同时，自身也得到改造和得到充实，得到完善和发展，即创造了主体人的价值。马克思指出，在创造价值的生产活动中，“生产者也改变着，炼出新的品质，通过生产而发展和改造着自身，造成新的力量和新的观念，造成新的交往方式，新的需要和新的语言"[①]。

就其本性和理想化来讲，人类是按照"真、利、善、美"的原则去创造价值对象的。

客体及其属性的广泛性，主体及其需求的多样性，决定了人们创造价值活动及其结果（价值对象）的丰富性。对各种各样、千差万别的创造价值活动、价值关系、价值对象如何归类？有的论者根据主体的物质的和精神文化的需要，划分为物质价值和精神价值两大类。这自然有一定的道理，但也有失于简单化，且有些价值很难划为物质的或精神的，如政治价值等。社会整个生活系统的结构状况，应该是我们划分价值类型的基本依据。马克思下面这段对社会生活结构分析的话，对我们划分价值类型是很有启发意义的。他说："物质生活的生产方式制约着整个社会生活、政治生活和精神生活的过程。"[②] 由此，人类的创造价值活动、价值对象也可以划分为物质价值、社会价值、政治价值和精神价值以及创造价值活动主体人自身的价值五大类。

物质价值，主要指满足主体物质生活需要的创造价值活动和价值对象。

社会价值（狭义的），主要指满足主体社会交往需要的创造价值活动和价值对象。如道德价值、家庭价值、群体价值等。

政治价值，主要指满足主体政治生活需要的创造价值活动和价值对象。如阶级价值、国家价值、法制价值、民主价值、自由价值等。

精神价值，主要指满足主体精神生活需要的创造价值活动和价值对象。如科学价值、知识价值、理想价值、信念价值、宗教价值、审美价值等。

人的价值，主要指满足主体自我完善需要的创造价值活动和价

---

① 《马克思恩格斯全集》第46卷上册，人民出版社1979年版，第494页。

② 《马克思恩格斯全集》第13卷，人民出版社1962年版，第8页。

值对象。前四类创造价值活动和价值对象都是主体人创进的。如前所述，在创造价值活动的过程中，主体人也创造了自身的“人的价值”。例如人的本质、本性、人格以及作为集“真、利、善、美”于一身的自我发展、自我丰富、自我完善等，都属于人的价值范畴。

（九）价值实现论

价值实现论在于说明主体对现实价值对象的使用、消费的过程。

在创造价值活动中，创造价值主体现实地创造了价值对象，只是为满足主体的需求创造了现实的前提。价值对象如果不继续进入主体的价值消费活动领域，被主体所利用、所消费，那么，价值对象的价值仍然没有得到最后的实现。马克思指出，一条铁路，若不被使用和消费，就只能是一条可能的铁路，而不是现实的铁路，它就不能实现其现实的价值。“商品的使用价值，只有在商品进入消费领域之后，才能实现，才能发挥作用。”①

价值创造是价值消费的基础，价值消费是价值创造的目的。一个社会不能停止生产，同样，也不能停止消费，因为，“没有生产，就没有消费，但是，没有消费，也就没有生产”②。

价值消费是对价值需求的直接满足；同时，还把新的价值需求再生产出来。

价值消费是多层次、多方面的。有物质的和精神的消费；有生理的和心理的消费；有生存的、享受的和发展的消费；有生产的（作为价值再生产的原料）和生活的消费；等等。有多少种不同的价值需求和价值创造，有多少种不同的价值对象，就有多少种不同

---

① 《马克思恩格斯全集》第 25 卷，人民出版社 1974 年版，第 311 页注 38；人民出版社 1974 年版，第 46 卷上册，第 28 页。

② 《马克思恩格斯全集》第 12 卷，人民出版社 1974 年版，第 741 页。

的价值消费。

消费的质和量，不但取决于价值对象和创造价值活动，还取决于主体的消费能力、消费方式、消费习惯等。

在消费活动中，主体就转换为消费主体，客体也转换为消费客体，价值对象相应地也转换为消费对象。

价值消费是使价值对象真正成为价值对象的最后行为，而且也是使价值主体真正成为价值主体的最后行为。

在资本主义社会里，作为创造价值主体的工人所创造的价值对象（劳动产品），由于在消费（分配是消费的手段）领域未能最后实现应该实现的价值，因而对工人来说，劳动和劳动产品都带有异化的特性。而“社会主义社会是一个为了消费而有计划组织生产的大规模合作社”[①]。因此，社会主义社会的劳动者，应该是创造价值劳动的主人，也是消费的主人，不存在劳动的异化现象。

在价值消费中，主体与客体之间原先的价值关系得到完成；价值对象被主体内化；主体的价值需求得到满足。但是，价值消费同时又会产生出主体与客体之间新的价值关系。因为，一方面，价值消费使主体的体力和脑力得到恢复；另一方面，价值消费使“再生产”成为必需，而且消费活动还会提出质更高、量更多的新的价值需求。此外，消费活动使原先创造价值活动及其价值成果得到肯定和实现，主体的创造价值活动的兴趣和热情得到新的召唤。这样，主体与客体之间必然合乎规律地产生新的价值关系。于是，主体又会进行新的价值认识，确立新的价值目标，进行新的价值创造，消费新的价值对象。如此周而复始，不断更新，以至无限，人类得到发展，社会得到进步，价值世界也得到不断的丰富。

因此，价值消费是主体与客体之间原有的价值关系的终点，同时又是新的价值关系的起点。

---

① 《列宁全集》第9卷，人民出版社1959年版，第356页。

（十）结束语

重义轻利的中国传统文化妨碍了我们对价值的认识；轻视主体人的价值的封建主义传统思想也阻碍了我们对价值的反思。然而，价值作为一种客观而又普遍存在的事实，不管人们承认与否，它都以其铁的必然性发挥着自己的权威。

一个汹涌的变革时代，必然会产生“变革”的理论。近年来，价值哲学问题之所以引起人们的极大兴趣和关注，绝非偶然。党的十一届三中全会以来，我国在政治、经济、思想、文化及其生活领域所发生的一系列深刻的变化，特别是改革开放的深入发展，使得人们对许多事物和问题不得不重新予以认识和评价，这就触及价值观念和价值标准的转换；另外，随着检验理论、认识的真理标准讨论的深入，人们重新发现“认识”“真理”“实践”“目的”“标准”等这些常识性范畴的非常识性，即它们的深奥性、复杂性。而这种深奥性和复杂性的根本原因，在于它们的主体性、社会性以及主体与客体之间相互关系的多面性。于是，过去一直被忽视的主体与客体之间的价值关系，就被推到了哲学工作者们的前面。

在我国，目前要建立一门公认的完整的价值哲学，还需要理论界做艰巨努力。但是，只要哲学界广大同人继续努力，马克思主义的价值哲学必将应运而生。

二　价值的含义、要素和生成的根据

近年来，价值的哲学问题，引起了我国哲学工作者的极大关注和兴趣。然而，人们对诸如“价值”“价值认识”“价值真理”等基本概念的理解，还存在着分歧。目前，学术界普遍流行“价值”是由“主体与客体”构成的“二要素”说。笔者认为，仅仅从静态的、实体的方面去考察是远远不够的，比较科学的方法，应该从静态与动态相结合、实体与特性相结合的方面，去揭示价值所蕴含的要素、特点及其生成的根据。

（一）价值是什么

价值是什么？迄今为止，哲学界尚未有一个统一的表述。归纳起来，有以下几种说法：

第一，“价值是客体对于主体的有用性，是客体的一种满足主体需要的属性”；

第二，“价值是表示客体对于主体所具有的积极的或消极的意义”；

第三，“价值是客体自身属性对主体需要的满足，是主体需要对客体自身属性的肯定关系”；

第四，“价值是客体与主体需要之间的肯定与否定的关系，即利害关系”；

第五，“价值是能满足主体一定需要的客体态势，亦即客体对主体的特殊效用关系”；

第六，“价值是客体同主体之间，前者满足后者的需要的这样一种关系的反映”；

第七，“价值是主体人根据自己的需要自觉地、有意识地赋予客体的属性，它反映了主体对客体的态度”；等等。

对价值的上述界说和表述，既有共同的地方，也有差异之处。

其共同点是，都从主体需要与客体（属性）的相互关系上，加以把握；都视“价值”为主体与客体之间一种满足关系的关系性范畴，而不认为是实体性的概念。

然而，其具体的差别点则是多方面的：（1）有的表述仅仅把价值看作客体对主体的“有用性”和“效用关系”，突出了客体的功利意义，这有可能忽视非功利性的价值，如道德价值等。（2）有的表述把价值看作“积极的或消极的意义”“利害关系”，而有的则认为是“肯定的关系”“积极的意义”。显然，前者是从价值的正、负两个方面来界说“价值”的，后者则只从正价值的意义上来把握“价值”。（3）有的表述把价值看作主体与客体之间的满足关系的“反映”。这实际上是把作为反映对象的“价值”和作为对价值对象认识结果的“价值”概念混为一谈了。（4）有的表述仅仅把价值看作主体赋予客体的属性，是主体的一种“态度”。这显然是有失偏颇的。因为，它只看到了价值的主体性，而忽视了价值的客体性、客观性，且很难同那种认为价值是人的主观因素和心理感受的产物的主观唯心主义价值观划清界限。

笔者认为，作为哲学范畴的价值，它的最基本、最一般的含义，是指客体对主体的生存与发展所具有的作用和意义。这里的作用和意义，自然有积极与消极、肯定与否定、正与负的两种态势之分。但作为最一般的规定，这两种正反态势没有必要在定义中直接表述出来，此外，我们用“对主体的生存与发展”来限定价值的性质和范围，以取代目前普遍流行的“主体的需要”，这是对“主体的需要”的具体化和精确化。

因为，“需要”是一个歧义性很大、内容十分复杂、性质差异悬殊、范围极为宽泛的范畴。而不是主体的任何一种“需要”都能构成主体与客体之间现实的价值关系的，也不是任何一种什么“需要”都能成为衡量客体有没有“价值”的基准的。只有对主体人的生存和发展的需要有意义的客体，才能成为有价值的客体；只有对主体人的生存和发展有意义的需要，才是客观的、有根据的、符合必然性的、合理的、真实的需要。

此外，有些同志在揭示价值的本性和实质时，往往把哲学意义上的“价值”同经济学中的“使用价值”相互混淆，这也是不足取的。第一，哲学意义上的“价值”，不但包括物质价值、经济价值、有形价值，而且还包括精神价值、政治价值、无形价值，具有广泛的普适性，而不仅仅限于经济学范围里的“使用价值”。第二，哲学意义上的“价值”，不但包括主体与客体之间的功用关系、功利关系，而且还包括道德价值、审美价值等非功利性的关系。主体人的生存和发展的需要是全面的、丰富的，既有一般“生存”的需要，又有全面发展的需要。

价值是客体对主体的生存和发展所具有的一种作用、意义，这表明，价值不是由主体的生存和发展的需要单方面所产生的，也不是由客体单方面所决定的，它是主体与客体相互联系、相互作用、相互规定的产物。客体的自身属性虽然是价值的承担者，但若不同主体的生存和发展的需求（为叙述方便，本文下面一般简称为“主体的特定需求”，并以此与“主体的需要”相区别）相联系、相融合，就无所谓“价值”。反之，如果对价值仅仅从主体的特定需求方面去理解，也同样取消了“价值”。价值是主体、客体间的一种满足、需求的关系。

因此，价值范畴是一个关系性范畴，而不是一个实体性概念。对“价值”来说，其主体性和客体性（价值的要素、内容不仅仅局限于这两个方面，但最主要、最基本的是这两个方面）都是不可或缺的。价值既是客体属性的人化、需求化和主体化，同时又是主体需求的对象化、客体化和现实化，是客体性和主体性的辩证统一。

这就是价值的哲学本性和实质。正如马克思所指出的：“‘价值’这个普遍的概念是从人们对待满足他们的需要的外界物的关系中产生的。”①

（二）价值的客体要素

但是，价值并非只由主体性和客体性两个要素所组成，而是由多种要素、多方面内容所组成的一个集合对象（集合概念）。概括

---

① 《马克思恩格斯全集》第19卷，人民出版社1963年版，第406页。

起来，构成价值的基本要素至少有以下六个方面。

价值是主体和客体之间需求与满足需求的关系和意义。在这种关系、作用和意义里，客体和客体的属性、功能是价值的承担者，是主体与客体之间产生价值关系的客观前提。

但是，客体及其属性和功能本身并不直接就是价值。因为，离开主体和主体特定需求及其他因素，自在自为而独立存在的事物和属性，只能是“自在之物”和“自在属性”，而不是现实价值的承担者。在人类认识能力和实践能力触角之外的客观事物和属性，对人类的生存和发展来说，是一种非价值形态的存在物和属性。当然这并不是说它们是没有价值的，这种价值是自在的价值，是有待认识和利用的价值，或者说是“潜在的价值”。

价值的客体性内容，在价值化的过程中占有重要的地位和作用。客体和客体的属性、功能是价值得以产生的客观根据和物质基础。当然，满足主体特定需求的客体，即价值客体，既包括自然的客体，又包括社会的客体，同时还包括“原始物”（不经改造就具有价值的客体，如阳光、空气、雨水等）的客体、“人造物”的客体和作为客观精神的客体。客体的多样性、客体属性和功能的丰富性，以及它们发展的无限性，从主导方面规定了主体各种需求的多样性和需求发展的无限性。因而主体与客体之间的价值关系也具有多样性、复杂性和历史变迁性。总之，客体性是价值的一个基本要素和特性，它是一切价值都必须具备的载体和承担者，价值的质的种类和量的程度，在很大程度上都直接取决于价值的客体性内容。

（三）价值的主体要素

价值不但取决于客体，同时还取决于主体及其主体的生存和发展的需求性，离开了主体和主体的特定需求，客体就只能是尚未价值化的客体。因此，价值关系首先是由主体和客体两个方面共同规定的，而不可能只取决于主体抑或客体的任何一方。因为，一物与另一物的关系，是二物之间的关系，不能说它是属于哪一物的。[①]

既然如此，同客体和客体属性本身还不是价值客体、价值属性一样，主体和主体的需求本身也不是价值主体、价值需求。只有主体被价值化、主体需求被价值化，即主体同客体发生价值关系的时候，才能形成价值主体和价值需求。有一种观点认为，有不同的需要，就有不同的价值；有多少种需要，就有多少种价值；需要的改变，同时也是价值的改变。这种观点实际上在很大程度上把主体的需要和价值混为一谈了。在其现实性上，主体的不少需要并不能实现，或者在一定时期内难以价值化。比如，远古的人们也有"上天揽月"的需求，但这在当时仅仅是一种美好的理想而已。

再比如，我们今天也有"呼风唤雨"、使自然现象"听从"人们安排的需要，但这种需要在相当历史时期内还不可能进入现实的价值化过程。这就是说，主体的需求是价值关系产生的基本要素和根据之一，主体需求的价值化，还必须取决于客体等其他因素。

主体的需求一旦转化为价值的需求，它就作为一个基本要素进入价值形态之中并发挥其独有的作用。如果说客体和客体的属性是价值的载体、承担者的话，那么，主体和主体的特定需求则是价值产生的依据、缘由。在价值形态中，主体要素是价值的"灵魂"和"生命"。因为，正是主体和主体的特定需求，直接规定着价值的性质和方向。一个客体有什么样的有用性，对主体有什么样的作用和意义，虽然不完全取决于主体和主体的特定需求，但总是相对主体的某种需求而言的，是以主体的某种需求为基准的。

因此，当我们考察事物，特别是事物的具体价值属性时，不能脱离主体的一定需求。人们的一切活动都是为了满足某种需求，因而人们的活动也就侧重于它所需求的那一点上。由于客体属性和功能的多样性，它就能同具有不同需求的主体发生价值关系。如一条

① 参见马克思《剩余价值学说史》第 3 卷，人民出版社 1975 年版，第 154 页。

鱼，对渔民（生产者）、对市民（消费者）、对动物学家、对经济学家、对欣赏者等，都有不同的价值侧面。这一方面是由鱼本身的属性所决定的，另一方面又依赖于主体的一定需求。如果离开主体的特定需求，就无法断定客体的具体的有用属性、价值属性，也无法确定主体和客体之间具体的价值关系及其基本性质，同时也无从理解价值生成的根据和意义。

（四）价值的社会要素

考察价值的实质，尤其需要分析价值的社会性质。所谓价值的社会性，是指在客体属性价值化和主体需求价值化的同时，还有一个“社会需求”参与其中并得到价值化的环节和机制。真正的价值既是主体需求与客体属性的统一，又是社会需求与客体属性的统一；真正的价值既对主体（个体）的生存和发展有意义，也对社会的生存和发展有意义。然而，个别主体的需求与社会主体的需求并不总是相互吻合、始终一致的。

但是，无论是一致还是不一致，当主体的需求与客体的属性发生价值关系时，作为具有社会性和能动性的主体，不但要站在自身需求的立场上对这种价值关系做出判断和选择，而且要站在“社会主体”“社会需求”的立场上对这种价值关系做出判断和选择，进而还要对主体自身的需求与社会需求之间的“价值关系”做出评价和选择。在此情景中，主体人具有个人与社会、个人需求与社会需求的双重属性和建构，或者说是这种双重属性被集中地显现出来。这样，在主体与客体的价值关系中，就必然有第二个主体——“社会主体”参与其中，就有第二个价值坐标“社会需求”的渗入。

因此，任何一种价值和价值关系的生成，都包含着社会性的要素和存在着社会性的根据。这主要是因为：

第一，对主体的生成和发展有意义、能满足主体需求的价值客体，除少数原始价值客体（如阳光、空气等）外，绝大多数是社会的客体，是社会活动的产物，是由社会所提供的。离开了社会，主体就不可能获得能够满足自身需求的价值物。

第二，作为主体的人不仅是自然存在物，而且是社会历史的存在物，自然界造就了人的生命体，社会则造就了作为人的“人”。所以马克思指出：“人的本质是人的真正的社会联系。”[①] 作为具有社会性的主体人，他不但能意识到自身的存在和需求，同时还能意识到他人、社会的存在和需求。

第三，人的需求不是生物性的需求，它在本质上是一种社会性的需求。因为，人的需求是在人们的社会历史活动中产生、发展和实现的。马克思指出：“我们的需要……是由社会产生的，因此，我们对于需要……是以社会的尺度……去衡量的。”[②] 而且，“需要是同满足需要的手段一同发展的，并且是依靠着这种手段发展的”[③]。需要的对象和满足需要的手段，都是社会历史的产物。

总之，“为了进行生产，人们便发生一定的联系和关系；只有在这些社会联系和社会关系的范畴内，才会有他们对自然界的关系，才会有生产”。[④] 这里虽然讲的是一般的生产，但对价值和价值关系的形成、“生产”也同样是适用的。因为，只有在社会关系中，主体与客体才能形成价值关系。从另一方面讲，生产的过程，也就是价值产生和实现的过程。

因此，价值总具有社会性，价值关系也是一种社会关系，在价值中必然含有社会性要素。

（五）价值的实践要素

实践要素作为构成价值的内在成分和价值关系产生的基本依据

---

① 《马克思恩格斯全集》第42卷，人民出版社1979年版，第24页。

② 《马克思恩格斯全集》第16卷，人民出版社1964年版，第492页。

③ 《马克思恩格斯全集》第23卷，人民出版社1972年版，第559页。

④ 《马克思恩格斯选集》第1卷，人民出版社1960年版，第362页。

之一，并不是很难理解的。因为，实践活动是价值和价值关系形成的基本途径；价值目标的形成就是实践目的的确立；在价值和价值关系中逻辑地蕴含着实践关系；而且，实践又是价值现实化、对象化的根本手段。

什么样的客体和客体的哪些属性能进入价值关系而成为价值物？主体的哪些需求能进入价值关系而成为价值需求？这在很大程度上取决于主体的实践能力和实践活动。只有在实践活动中，主体与客体才能发生直接的、现实的相互联系和相互作用，才能实现客体的主体化和主体的客体化。恩格斯指出："劳动和自然界一起才是一切财富的源泉，自然界为劳动提供材料，劳动把材料变为财富。"① 离开了实践活动、生产劳动，客体、"材料"就不可能自动地转化为"价值""财富"。正如列宁所说的，世界不会满足人，而人决心改变世界，获取价值物。

正是通过实践活动的内导作用，一方面是主体需求的对象化，另一方面是客体及其属性的价值化。主体既为自身创造出对象，又为对象创造出新的"自身"，使主体与客体在价值关系中相互规定、相互渗透和相互转化。

马克思指出："不仅客体方面，而且主体方面，都是生产所生产的。"② 正因为构成价值要素的基本前提——主体和客体等方面都是社会实践活动的结果，因而价值和价值关系必然要受到实践活动的限制，它们之间具有内在的相关性。

实践不仅是价值产生的基础和实现的基础，而且也是价值中的一个重要内容。实践活动过程也就是追求价值的过程，实践的目的也就是价值的目标。价值目标的形成和价值关系的确立，也同时意味着主体对现实客体的不满足，要求按照自身的需求和意志去改变现实，创造新的价值客体。

---

① 《马克思恩格斯选集》第3卷，人民出版社1972年版，第508页。

② 《马克思恩格斯选集》第2卷，人民出版社1972年版，第95页。

因此，主体对世界、对客体的价值掌握，既要面对事物的现状，又要预见未来；既要反映客体及其属性，又要反映自身的特定需求；它不但教人去认识、去说明客体，而且更教人去行动、去实践、去改变世界、去占有价值客体。这样，在价值意识、价值关系中，必然以内在的意向表现着对客观世界施加改造的反作用，体现着主体为了达到自己的特定需求而力图改造世界的意欲和要求，包含着要改造世界的实践性因素。

实践因素使价值得以现实地确立，并使价值具有可行性、意向性和外向性；一旦其他条件具备，价值关系中的实践性因素就外导为客观的实践活动。

（六）价值的认知要素

人们对外界客观事物本身的认知（即通常讲的“事实认识”）和对主体与客体之间价值关系的判断，在现实的认识活动过程中总是相互依赖、相互影响、相互渗透的。

一方面，人们在认识外界事物的过程中，总是渗透着价值观念，使人们的认识具有明确的目的性、指向性和选择性。当然，在主体尚未认识外界事物的属性、功能、本质和规律之前所具有的“价值观念”，只是一种凭过去经验、凭信仰而产生的确认任何事物必有某种作用的“泛价值”意识。这种“泛价值”是笼统而不是确定的，是抽象而不是具体的。因为当人们对某一事物还尚未认知之前，就谈不上这个事物是否具有什么确定的价值属性，能否满足或在多大程度上能满足主体的特定需求的问题，因而无法做出具体的、确定的价值认识和价值判断，形成具体的价值目标。

另一方面，科学的、正确的和具体的价值观念，必须以事实性的认知为前提和基础，并且包含着对外界事物反映的认知要素。列宁曾经指出：“认识只有在它反映不以人为转移的客观真理时，才能成为对人类有机体有用的认识，成为对人的实践、生命的保存、种的保存有用的认识。”[①] 真理性的认知，就是人们对客观事物的本质、属性、规律和未来发展趋势的如实把握。这对形成科学的价值观念是绝对必需的。

因为，只有具备关于外界事物的丰富知识，掌握外界事物的发展规律和属性，功能的真实知识，才能使主体准确地判断事物满足自身需求和社会需求的可能性，使价值判断具有切实的真理性和可靠性。认知的真实性、可靠性和价值的客观性、可行性是统一的。人们对外界事物的事实性认知愈深刻、愈丰富、愈全面、愈科学，价值判断和价值关系也就愈有客观性、愈有合理性、愈有可靠性，对价值目标的追求也就愈有成效性。

客体的哪些属性、功能能进入主体的视野范围和价值关系中，不仅与客体自身、主体需求和实践因素有关联，同时还与主体的认知有直接关系。比如，“铁”这一客体，在远古人手中和在现代人手中，其用途和功能是大不相同的。而“铁”的哪些属性和功能与主体发生什么样的价值关系，这直接与主体的认知水平相联系。

另外，还与主体的认知结构有极大关系。具有某种特殊知识和专业修养的人，常常只注意、只偏爱客体的某些价值属性或功能，面对其他的属性或功能则往往视而不见。正如马克思所说的那样：“忧心忡忡的穷人甚至对最美丽的景色都没有什么感觉；贩卖矿物的商人只看到矿物的商业价值，而看不到矿物的美和特性；他没有矿物学的感觉。”[②]

因此，科学的、可行的价值和价值关系，必须依据于对外界事物的事实性认知，以事实性认知为前提和基础，并且进而将这种事实性认知作为一个主要内容包含于价值（价值观念、价值关系）之中，成为一个内在的基本要素。

---

① 《列宁选集》第2卷，人民出版社1972年版，第139页。

② 《马克思恩格斯全集》第42卷，人民出版社1979年版，第126页。

（七）价值的情感要素

情感是人们对世界的一种特殊的反应形式和掌握方式，它是伴随着主体对客体的认识活动、价值活动和实践活动而产生的对客体是否符合、是否满足自身特定需求的一种态度、一种体验，如热爱、意愿、理想、意志、信念、好恶、决心，以及道德感、美感、社会感等，都是情感的具体内容。情感通常以主体满意或不满意、肯定或否定、赞赏或厌恶、愉快或愤恨、喜欢或悲伤，热忱或冷淡等心理机制表现出来，并对主体的活动（包括价值活动）起着积极的、能动的或消极的、被动的作用。

情感之所以成为价值的一个内在要素和价值关系生成的一个内在根据，这是因为：作为主体的人，并非无情无义的“草木”，而是“具有意识的、经过思虑或凭激情行动的、追求某种目的的人”①。在人们的认识活动、价值活动和实践活动中，没有人的情感活动、意志活动是不可想象的。列宁说：“……没有‘人的感情’，就从来没有也不可能有人对于真理的追求。”② 主体在认识和改造客体的活动中，不仅获得对客体的事实性认知，同时还根据主体的特定需求对客体形成一定的情感体验，进而产生对客体有目的、有意识地掌握（包括认识和改造）的意志、意念和志向，形成一种强大的情感力量。情感是人对客观事物的一种态度和体验，而人们对客体采取怎样的态度，产生怎样的体验，是以客体能否满足或在多大程度上满足主体的特定需求为主要依据的。价值目标和价值关系一旦产生，同时也就确立了主体对客体一定的情感态度和情感体验。正态价值是主体力图要占有和实现的对自身有积极意义的目标，正态价值关系是客体能够满足主体一定需求的肯定关系，因而在价值观念和价值活动中，必然渗透着主体的强烈的情感因素。

---

① 《马克思恩格斯选集》第4卷，人民出版社1972年版，第243页。

② 《列宁全集》第20卷，人民出版社1958年版，第255页。

在主体的价值活动中，情感是在一定理性支配下，自觉地确定价值目标，并为实现价值目标而有意识地、能动地支配、调节其行为的心理现象。人们在各种活动中所表现出来的主动性、积极性、创造性和顽强性，是人的情感作用最明显、最集中的表现。

以上分析的价值的要素既是价值和价值关系产生的基本条件，又是构成价值和价值关系的基本内容，同时又是价值和价值关系的基本特性。科学而完整的价值系统，应该是上述诸要素、诸内容的有机综合，是合客体性、合主体性、合社会性、合实践性、合认知性、合情感性的辩证统一。这些要素和特性相互联系、相互制约、相互作用和相互结合在一起，形成了一个共同的"价值基准"和"价值态势"，直接决定着主体与客体间价值关系的性质、价值的质（种类）和量（范围）、价值的水平和规模，直接规定着主体价值活动的能力和条件。因而价值始终是具体的、历史的、发展的。

（八）价值何以生成

在人们的一切活动中，总是直接或间接、或多或少地渗透着价值的因素的。对价值的追求是认识的最终目的、推动认识向前发展的最后动力，也是改造世界的实践活动的最后目的、推动实践向前发展的最后动力。

人们不是纯粹为了认识而认识，也不是为了实践而实践的。人们的一切活动同人们的一定需求和利益具有或多或少的相关性，马克思主义在创立唯物史观的过程中，由于发现和揭示了人们活动与一定需求之间的内在相关性，就同那些仅仅以思想而不是以人类生存和发展的需要来解释人们行为的唯心史观划清了界限。[①] 人类认识和实践的过程，就是追求价值、实现价值的过程。正是由于人们的一切活动归根到底是为了满足自己生存和发展的需求，即人类活

---

① 参见《马克思恩格斯全集》第20卷，人民出版社1973年版，第516—517页。

动的目的性原则，才构成了价值和价值关系的最一般、最后的根据。

人对价值目标的设定和追求，是主体人的能动性的一个本质特征和表现，也是人的活动区别于动物活动的一个根本标志。如果说人的活动的目的性原则是价值和价值关系生成的必然性根据之所在的话，那么，人的活动的能动性原则则是价值和价值关系得以确立和实现的可能性原因之所在。

人的能动性最突出的表现是：人不但是主体，同时也是客体，具有主体—客体的双重建构性；人不但能够认识和把握外界客体的属性和发展规律，同时还具有自我意识，能够把自身的需求、自身的本质和自身的活动作为把握的客体。人的活动是自觉的、能动的，他“懂得按照任何一种的尺度来进行生产，并且懂得怎样处处都把内在的尺度运用到对象上去；因此，人也按照美的规律来建造”[①]。

这种内在尺度不是客体自身的尺度，而是主体人的需求、价值、本质和美感的尺度。主体要能够自觉地意识到这种内在尺度，并且贯穿在自己的活动中、运用到对象上去，没有能动性的特点和功能，是不可能做到的。主体人的意识性和能动性功能，一方面能够把外界客体纳入人的特定需求的视野里，受到价值的衡量、评判和选择，使客体进入价值化、主体化的过程；另一方面，能够处处把主体自身的需求等内在的价值尺度赋予外界客体，使主体自身进入对象化、客体化的过程，从而使价值和价值关系得到现实的生成。

三 “事实检验”与“价值检验”[②]

真理检验的复杂性问题是真理标准讨论中所遇到的一个重要理

① 《马克思恩格斯全集》第42卷，人民出版社1979年版，第97页。

② 本节原载《国内哲学动态》1983年第2期。

论问题，哲学界尚存在着分歧意见。我也想就这个问题谈一点看法。

对直接指导人们实践活动的认识、思想、设想等观念的检验，为什么是复杂的呢？其中原因是多方面的，但我认为关键是对这些认识、思想、目的、设想等观念性东西的检验，不只单纯地存在着一维性的检验，而是存在着双重性的检验，即事实检验和价值检验。

所谓“事实检验”，是看人们的认识、观念是否符合外界的客观事实；所谓“价值检验”，是看被改造的客体的变化即实践结果，是否符合人的实际需求和利益。价值检验又可分为实践者本人的价值判断和社会、他人的价值判断两个方面。我们所说的价值检验是指这两个方面有机的统一体。

事实检验着重解决的是人们的认识、观念是否合规律性、合真实性的问题；价值检验则着重说明人们的实践行为及其结果合理与否亦即是否合需要性、合目的性、合社会正当性等问题。比如，实践结果如果符合实践者原定的设想、观念，就意味着“成功”，反之叫“失败”。成功说明了直接指导实践行为的认识、观念一方面正确地、如实地反映了客观存在的事实或事物发展的规律性；另一方面也说明了被改造的客体的变化是符合实践者的需求、利益的。所以，事实检验和价值检验往往具有同时相关性。至于失败的实践活动，事实检验和价值检验的同时相关性则是以否定性的形式出现的。

正是由于事实检验和价值检验存在着这种同时相关性，人们也就容易忽视客观上存在着检验的“双重性”。然而，只要人们稍微深入一步，透过它们的同时相关性，就可以发现“双重检验”的分离性。作为事实和不以人的意志为转移而存在着的实践结果，人们一看就明了，不同的阶级、不同的人都不会有多少异议，因而只涉及实践结果与原先认识、观念相一致与否的事实性问题的“事实检验”，是比较容易解决的。但在对同一实践行为及其结果的评价上

(不是事实的存在)，却往往会产生各种不同的看法，甚至完全相反的看法。例如，盗窃活动、投机倒把活动、国民党反动派对红军第五次的围剿、曾国藩对农民起义军镇压的“成功”，作为事实，作为他们的行为结果与他们原定设想目标的一致或基本上相一致的事实检验来说，是很清楚的。但革命者、广大劳动人民绝不会给直接指导和支配他们实践行为的认识、观念以“正确”“合理”“真理”等美名。原因就在于这时候人们是从社会历史进步、阶级地位、利害关系、社会伦理等价值观念的角度，去评价他们的实践行为及其结果的，亦即是用“价值标准”去检验的。

由此可见，事实检验和价值检验虽然有同时相关性，但它们又有着相对独立的分离性。那么，存在着事实检验和价值检验的内在根据在哪里呢？简单地说，是由于直接指导当事人实践行为的认识、观念的内容本身就内在地存在着事实性和价值性的两重属性。换言之，人们要想有效地进行实践活动，一方面必须对外界客观事物有一个规律性、真实性的认识；另一方面又必然地按照自己特定的需求、利益等价值观念去规定自己的实践行为。唯有这两个方面的有机统一，才会有现实的实践活动的产生。

但实践者的需求、利益即价值观念总是与他人、与社会的需求、利益即社会的价值观念相联系的，因而他人、社会也就有权利对实践者的价值观念及价值观念的外在化、现实化—实践行为、实践结果进行评判、检验。所以，对直接指导实践活动的认识、观念的检验，客观上必然地存在着事实检验和价值检验两个方面。

当然，无论是事实检验还是价值检验，两者最终都必须通过实践活动。但一般来说，事实检验在眼前、现实、局部、实践者本人的实践活动范围内就能得到解决，而价值检验则主要诉诸社会的、历史的实践活动，通过长远、宽广的亿万人民的实践活动才能解决。因此，只有亿万人民的社会实践或历史实践活动，才是检验真理、认识、观念的真正标准。

由于对直接指导实践活动的认识、观念的检验同时客观上存在着事实检验和价值检验，所以，我们一方面不能单纯地以当事人、实践者的认识、动机、观念是否获得实现、达到预期结果去断定其认识、观念是否为正确，其实践行为及结果是否正当、合理，而不考虑或忽视价值判断、价值检验，否则，诸如指导某些人盗窃等破坏性活动的认识、观念，也就会美其名为“真理”了。另一方面我们也不能单纯地以是否满足需要、利益去断定其认识、观念是否为真理，而不问其需要、利益是否合规律性、合真实性，否则，就难以同有用、有利就是真理的实用主义划清界限。

事实检验与价值检验是相互区别又相互联系、相互制约的，我们不能以事实检验去取代价值检验，也不能用价值检验去排斥事实检验，把两者绝对地割裂开来或者把它们混为一谈都是不对的。

在关于真理检验、真理标准问题的讨论中，我觉得应该严格地确定范围，即必须区分是在事实检验的意义上，还是在价值检验的意义上，或者在两者的同时性意义上来谈论“标准”“检验”等问题。

在争论的各方中，一般都不明确区分两种不同性质的检验：事实检验与价值检验。但另一方面却又在“两重检验”的意义上来规定、谈论“真理的标准”“真理的检验”，因而引起了不少的理论混乱。

我以为，把事实检验与价值检验明确地区分开来，并与实践活动和直接指导实践活动的认识、观念联结起来去探讨它们的区别和联系，是很有意义的。

四　谈谈人性与阶级性[①]

什么是人性？在阶级社会里，人性与阶级性关系如何？对此笔

① 原刊发于《浙江师范学院学报》1980年第1期。此次收录时标题、个别段落、文字略做了调整。

者谈一点个人浅见。

（一）什么是人性

所谓“人性”，指的是人类区别于其他动物的本质、本性（或者说本质属性的总和）。恩格斯指出：“人来源于动物界这一事实已经决定人永远不能完全摆脱兽性，所以问题永远只能在于摆脱得多些或少些，在于兽性或人性的程度上的差异。”[①] 由此可见，人性是与兽性—动物性相比较而存在的。

那么，人性与动物性的本质区别何在呢？“人类社会和动物社会的本质区别在于，动物最多是搜集，而人则能从事生产。仅仅由于这个唯一的然而是基本的区别，就不可能把动物社会的规律直接搬到人类社会中来。”[②] 但“为了进行生产，人们便发生一定的联系和关系；只有在这些社会联系和社会关系的范围内，才会有他们对自然界的关系、才会有生产”。[③] 这样，人类的生产，即人类“生活的生产——无论是自己生活的生产（通过劳动）或他人生活的生产（通过生育）——立即表现为双重关系：一方面是自然关系，另一方面是社会关系”[④]。

毛泽东同志曾指出：“马克思主义认为人类的生产活动是最基本的实践活动，是决定其他一切活动的东西。”[⑤] 人们进行生产，要和自然发生关系，这是生产的一方面；另一方面，是人们在生产过程中的相互关系。任何生产，只有结成一定的社会关系才能进行。人不仅生活在自然界，而且也生活在社会之中。联系着社会和自然的是生产劳动。作为区别于其他一切动物的人的本性、本质，就是通过人们的生产劳动表现出来的人与自然的关系（能动的）和人们

---

① 《马克思恩格斯全集》第 20 卷，人民出版社 1973 年版，第 110 页。
② 《马克思恩格斯全集》第 34 卷，人民出版社 1972 年版，第 163 页。
③ 《马克思恩格斯选集》第 1 卷，人民出版社 1972 年版，第 362 页。
④ 《马克思恩格斯全集》第 3 卷，人民出版社 1956 年版，第 33 页。
⑤ 《毛泽东选集》4 卷合订本，人民出版社 1968 年版，第 259 页。

的社会关系或如马克思说的“一切社会关系的总和”[①]。人性，正是这一双重关系的表现。社会关系，这只是人类才具有的现象，而与自然的关系，则并非人类所独有，动物也有一个与自然的关系问题。可是，动物只能简单地适应自然，从根本上说动物只是自然的奴隶。而人类则相反，不是自然的奴隶，而是自然的主人，因为人类能控制、改造、利用自然为自己服务。

不仅如此，人还能自己认识自己，自己控制自己。因此，无论是人与自然的关系，还是人的本身，都完全不是一种本能的自然属性，而是能动的。

（二）人性的自然与社会的双重属性

人性，正是人们能动的自然属性和人们的社会属性的辩证统一。人的这种双重属性，是任何社会、任何一个阶级、任何一个人都共同存在的。所以，“人性”这个概念具有高度的概括性和抽象性。

我们这样说，是不是意味着人性在阶级社会里具有“超阶级性”呢？不是的。在这里，我们必须分清一般的人性和具体的历史的人性。上面我们讲的是一般的人性。马克思说：“首先要研究人的一般本性，然后要研究在每个时代历史地发生了变化的人的本性。”[②] 正是人的一般本性的存在，及其历史地、必然地发生变化的结果，决定了在阶级社会中，人性包括阶级性，但又并非等于阶级性，而是阶级性和非阶级性的辩证统一。

就人的一般本性而言，的确是存在于各社会不同阶级之中的普遍共性。但是，普遍的共性只能存在于特殊的个别事物之中，并通过具体的个别的事物表现出来。因此，人的一般本性，也只能存在

---

① 《马克思恩格斯全集》第 3 卷，人民出版社 1956 年版，第 5 页。

② 《马克思恩格斯全集》第 23 卷，人民出版社 1972 年版，第 669 页，马克思本人注释第 63 条。

于生活在各个不同社会的具体的人之中，并在具体的历史阶段中表现出来。所以，我们只能通过人性的个人的、阶级的、民族的、时代的特殊表现，去研究和认识一般的人性。在阶级社会里，人们的阶级属性，是人的社会属性的一个主导方面，因而也是人的一般本性在其发展过程中的一定阶段上，历史地、必然地产生的一个属性或一种表现。

由此可见，如果就人性的整体来说的话，在阶级社会里，根本不存在什么“超阶级”的人性。但是如果具体地分析和对待具体的人性，我们又可以很明显地看出，人性虽然包括阶级性，但它们之间又是有区别的，阶级性并非人性的全部。只承认阶级性而否认人性，或者认为人性即阶级性，显然是把阶级性扩大化和庸俗化了。但是如果不承认在阶级社会里人性带有阶级性，那就又在考察研究具体的、历史的人性的时候，把人性抽象化和庸俗化了。

（三）人性与人类共存亡

从人类发展的整个历史过程来看，阶级性仅仅是人的社会属性的一部分，而不是全部。但人性——人的一般本性却与人类共始终。按照马克思主义的看法，阶级性在一定意义上恰恰是一种不完善的人性的表现。人性也有自己的发展历史，它将随着人类社会的进步而逐渐发展和完善起来。而阶级性的消亡，并不是人性的消灭。阶级性不过是人性在其整个发展过程中、一定阶段上的产物和局部个别的现象。就是在阶级社会里，阶级性也并不是人的社会属性的全部。在现实生活中，人们之间的关系远远比阶级关系更为复杂。有的社会现象用阶级性是说明不了的。

比如，某地发生了严重天灾，不管其阶级类别，人们都普遍给予同情或援助。可见，人们的行为并不是仅仅受到阶级性制约。在阶级社会里，人们之间的社会关系最根本的当然是阶级关系。但尽管如此，我们也不能把一切社会关系，把人的一切社会属性，简单地归结为阶级关系、阶级属性。

同时，人性的另一方面——人与自然的关系，我们也不能忽视。在阶级社会里，人们除了有一定的社会关系、阶级关系之外，还有人与自然的关系，尽管这种关系多少要受到人们的社会关系、阶级关系的制约和影响，但不能为这些关系所取代。

总之，我认为人性在阶级社会里包括阶级性，但并非就等于阶级性。

五　真理的主要类型及真理的阶级性①

真理有无阶级性是哲学界长期争论的一个老问题。

笔者认为，要解开这一叫人困惑的哲学之谜，就需要深入考察主体与客体之间的全部意识关系和人的认识过程，揭示出在不同意识关系、不同认识阶段上的不同类型的认识和真理及其特性。

我们通过对主体与客体之间整个认识过程和全部意识关系的初步分析认为，认识过程可以相对区分出事实认识、价值认识和实践认识这样三个大阶段，与此相应地，真理亦有事实认识的真理（简称“事实真理”）、价值认识的真理（简称“价值真理”）、实践认识的真理（简称“实践真理”）之分。在一定的社会历史条件下，只有价值真理和实践真理，才可能含有阶级性，而事实真理是没有什么阶级性的。

（一）真理和真理的阶级性

为便于讨论，我们先从真理、真理的阶级性的基本特性谈起。

马克思主义认识论认为，真理是一个反映主体与客体相互关系、相互作用的认识论范畴。它是在主体与客体的相互联系、相互

---

① 原载《浙江省委党校学报》1986 年第 3 期。此次收录时标题有所改变。

作用的过程中而形成的一种积极的、肯定的认识成果。离开了主体或者离开了客体的任何一方，都不可能有现实真理的产生和存在。这就是说，真理既不是纯粹主体本身及其产物，也不是纯粹客体自身及其产物。真理的本性就在于主体与客体的内在符合、内在一致。

既然真理是主体与客体两个方面相互作用、相互规定的产物，那么，真理的阶级性也同样必须由主体与客体两个方面共同来规定和构成。顾名思义，所谓真理的阶级性，就是指真理中所包含着的主体的阶级需要、阶级利益和阶级意志。真理中的阶级性必须是和客体的属性、规律性内在符合、内在一致的。更具体地讲，“真理的阶级性”这一命题，它有两个方面的逻辑前提和两个方面的内容：一是被认识到的客观上符合一定阶级需要、利益和意志的客观事物的本质及其发展规律，这是来自客体的内容，可用“合阶级需求的规律性”的命题来表述；二是被认识到的符合客观事物的本质及其发展规律的一定阶级的需要、利益和意志，可用“合事物规律的阶级性”的命题来表述。正如与主体的阶级性无关的真理就不是“有阶级性的真理”一样，与客体的规律性无关的阶级性，也就不是“真理的阶级性”。

真理的阶级性或者说有阶级性的真理，就是指在人们正确的认识中所体现着的“合事物规律性与合阶级需求性”的辩证统一性，是主体自身或所代表的阶级利益、阶级意志与客体的本质、发展规律相互吻合、相互渗透、相互一致的一种社会特性。只有在主体既正确地认识和把握了客体的本质、属性及其发展规律，又正确地认识和把握了自己的“阶级性”，并且这种阶级性恰好与客体的规律性相符合、相一致的情况下，作为主体与客体内在一致、内在符合的真理，才有可能包含着一定的阶级因素。

（二）认识过程的阶段性与真理的类型

那么，什么类型的真理，才是主体的阶级性与客体的规律性的内在符合、内在统一呢?

要回答这一问题，关键在于找到解开主体与客体相互关系、相互作用过程全部秘密的钥匙。因为，没有阶级性的真理也好，有阶级性的真理也罢，都只是主体与客体相互作用、相互渗透的产物。

从极限和科学抽象的意义上讲，主体与客体之间存在着二重关系，即物质的和意识的。物质性的关系在改造世界的实践活动过程中发生和解决，意识性的关系在认识和把握世界的活动中发生和解决。真理就是在主体与客体的意识性关系中产生和存在的；为了揭示真理的不同类型及它们与主体阶级性的关系，就必须分析和考察主体与客体之间由始到终的整个意识关系的演进过程。

我们认为，主体与客体之间意识关系的一个相对完整的过程，就是由客体到主体，再由主体到新客体的过程，即客体的主体化和主体的客体化的过程。这一过程亦可用由实践到认识，再由认识到新的实践的公式来表述。然而，如果我们不仅仅满足于、停留于对这一过程的宏观描述上，而是对这一过程做一番微观的分析，那么，我们就可以发现，在客体—主体—客体、实践—认识—实践的认识总过程中，存在着一些由此达彼的“桥梁”和中间层次、中间转化环节，可以划分出几个相对独立的阶段。

下面我们就对认识总过程及其阶段性做一个微观的分析。

唯物主义哲学的基本原理早已雄辩证明，主体与客体的意识性关系不是凭空产生的，它必须建立在物质性关系的基础上，即客观的实践活动的基础上。主体只有在同客体的物质性接触、在改造世界的实践活动中，才能现实地产生主体与客体之间的意识性关系。离开物质性的实践活动的“杠杆”作用和内导作用，主体与客体的意识性关系也就无从发生。因此，物质的实践活动是我们讨论主体与客体之间意识性关系、认识性关系的逻辑前提。

在实践活动的基础上，主体与客体的意识关系、认识关系，首先是主体对外界客体的事实性的认识。这是因为，人们要想在实践中得到预期的结果，实现自己的目的，就必须依据于客观事物的发展规律，按客观事物的本性和发展规律办事，正如列宁指出“外部世界、自然界的规律”是“人的有目的的活动的基础”。[①] 因而反映事物的属性和规律，解决外界客观对象“是什么”“是如何”的事实认识，是整个认识过程中的第一个认识阶段。所谓主体与客体之间的事实性认识，就是指主体如实地、客观地反映客体，按外界客体的本来面目而不附加任何主观的东西，去认识、理解和说明客体。

事实认识反映的对象是客体的属性、本性、规律性及其客体与客体之间的客观联系；事实认识的直接目的在于弄清和解决客观事物本身“是什么”样子，揭示客观事物自身的本质和规律，事实认识的功能是观念地描述、解释和说明客体；事实认识涉及的范围是真假。对错的问题，一般不直接触及客体有何用处，能否满足人们的需求以及如何改造世界等功利性和实践性问题。因此，作为对外界客体如实反映和把握的事实认识，其根本特性是属于主体与客体之间的一种客观性的意识关系。在事实性认识中，除了语言、概念、判断、范畴等这类主体的思维形式外，不含有主体的利益、意志、愿望、阶级性等这类主体的内在尺度、内在规定性。

一般来说，在人们对某一事物的本质属性、功能和发展规律尚未基本认识之前，就谈不上这个事物是否有什么有用性，能否满足主体的某种需求、利益等问题，因而很难做出这一事物有没有价值或者有多大价值的较为具体和明确的价值判断。因此，事实认识是其他不同类型认识的前提，在认识总过程中处于基础性的层次和阶段。

主体与客体的意识关系发展到事实认识的阶段，并没有停滞下来，它仍然按其自身的内在逻辑而向前运动着。因为，人类就其本

---

① 列宁：《哲学笔记》，人民出版社 1960 年版，第 200 页。

性来讲，认识客体的本质和规律，归根到底是为了改造客体，占有客体，以满足主体的需要。马克思指出，人的活动不同于动物的活动，“他不但使自然物发生形式变化，而且还在自然物中实现自己的目的”，“在对自身有用的形式上占有自然物质”。[①]

人类认识活动和实践活动的这一特点，决定了主体在事实性认识的基础上，还必须进而反映和把握自身的一定需求、意志（包括在阶级社会里主体的阶级性因素）以及用此与客体的属性、功能，规律相比较、相权衡而产生的价值意识。价值认识一方面要求认识主体必须确立、理解和把握自身的需求、利益、愿望、意向；另一方面要求主体必须依据事实认识提供的认识成果，将客体的结构、属性、功能、本质和规律作为（转化为）事物对主体有用性、价值性的东西来把握。这就产生了主体与客体之间的价值关系。

价值关系就是主体的一定需要、愿望、意志与客体的属性、功能和发展规律之间的一种肯定的或否定的利害关系。价值认识就是主体对这种利害关系的评价和判断的活动。价值意识就是主体通过对这种利害关系的评价和判断的认识活动，而产生和确立起来的一种关于客体有无价值和有价值大小的功利（广义的）观念。

价值认识与事实认识不同，它的目的和任务，主要不在于解决客体的属性、功能和发展规律“是什么”“是怎样”的问题，而是解决客体有没有、能不能满足主体的一定需求的利害问题；它反映的对象主要不是客体单方面的客观内容，而是主体与客体之间的价值关系，因而它反映的内容，不但不排除主体的因素，而是必须以主体的需求、利益等主体的内在尺度作为评价的标准，并力求将主体的内在尺度依附于、赋予客体，或者说将客体的属性、功能和发展趋势等外在尺度纳入主体的内在尺度之中。这也就是马克思讲的，动物只能按它自身所属的那个物种的、本能的尺度去活动，而

---

① 《资本论》第1卷，人民出版社1963年版，第202页。

人则能按照任何物种的尺度和自己的尺度去进行活动。[①]

因此，价值认识的产生，一方面离不开客体；另一方面也离不开主体。价值意识就是主体与客体两个方面相互规定、相互融合、相互作用的产物。而只要主体的需要、利益等主体的内在尺度与客体的属性、功能和发展规律等事物的尺度是有机统一、相互吻合，并且是符合社会进步的，那么，这种价值认识就是价值真理。

主体与客体的意识关系和认识过程，进入价值认识阶段，仍然继续向前运动并进入更高层次的实践认识阶段。如前所述，价值认识只是在观念中解决了主体对客体要不要去追求、去占有、去改造的问题，而没有进一步解决主体“应如何”去追求、“应怎么”去占有、“应怎样”去改造的实践性问题。

然而，人们改造世界的实践活动，是一种有目的、有计划的创造性的物质活动。实践活动要求直接指导和支配它的意识，一方面必须具有基于客观现实而又高于现实的（价值）理想、目的的高度；另一方面又必须具有指导主体自身怎样改造世界的实践性高度。这就决定了主体在事实认识和价值认识的基础上，进行实践认识。

所谓实践认识，是指在改造客体的实践活动之前，主体对外界客体（包括条件）和自己未来实践行为“要如何”“应怎样”“怎么办”的一种认识活动。实践性认识的结果，是形成实践意识、实践观念。[②]

我们知道，与动物不同，人的实践行为不是自发、盲目的，而是自觉、能动的。人在现实地改造客体之前，在未来的实践活动之前，事先就形成了未来实践活动的对象、条件、方法、步骤、途径、过程、目标、计划和实践结果等观念的模型。人类改造世界的实践活动的一般特点，就是在实践活动现实地进行和实践结果现实

---

① 参见《马克思恩格斯全集》第42卷，人民出版社1979年版，第97页。

② 王永昌：《理性认识回到实践活动的中间环节初探》，《哲学研究》1983年第2期。

地产生之前，首先就在头脑中观念地确立起来了。实践活动就是实践观念的现实化、对象化。

马克思指出："蜜蜂建筑蜂房的本领使人间的许多建筑师感到惭愧。但是，最蹩脚的建筑师从一开始就比最灵巧的蜜蜂高明的地方，是他在用蜂蜡建筑蜂房之前，已经在自己的头脑中把它建成了。劳动过程结束时得到的结果，在这个过程开始时就已经在劳动者的表象中存在着，即已经观念地存在着。"[①] 恩格斯也指出："人离开动物愈远，他们对自然界的作用就愈带有经过思考的、有计划的，向着一定的和事先知道的目标前进的特征。"[②]

实践认识是主体对未来实践活动的过程和实践结果的观念规划和超前反映，主要不是说明、解释、描述和评价、选择客体，而是按照主体对客体的事实认识和价值认识，去观念地改造客体和观念地勾画未来实践活动的过程以及由实践活动所引起的人造客体；它主要不是反映现存客体，不是判断现存客体对主体的有用性和意义问题，而是在此基础上根据外部对象的尺度和自己内在的尺度，去观念地创造理想的客体，主体给自己构成世界的新的客观图画；它不但把客体的本性、主体的本性和主体与客体之间的价值关系作为把握的对象，而且主要的是把自己未来的生命活动、实践活动及其过程作为认识的对象。

因此，实践认识、实践观念的根本特性，是主体在观念中占有和改造客体的活动，是在观念范围内主体对客体、对未来实践活动的一种实践性关系。对实践性关系的认识，我们称为实践认识；实践认识的产物就是实践意识、实践观念。而正确的实践观念，就是实践真理。

当主体与客体的意识关系发展到实践认识的阶段，主体形成了科学的、完整的、具体的实践观念，也就解决了如何利用

---

① 《马克思恩格斯全集》第28卷，人民出版社1973年版，第202页。

② 《马克思恩格斯选集》第3卷，人民出版社1972年版，第516页。

事实认识、科学知识来为实践服务；如何运用自己的意志来达到自己的目的；如何使客体服从自己并按自己的需求和意向发生变化；以及由此而应该如何行动、如何改造世界等实践性问题。这就意味着实践观念具备了直接指导和支配实践活动的动力和功能，能够导致主体越出观念的范围，进入改造世界的实践领域。

由原来的实践活动到事实认识，再由事实认识到价值认识，进而到实践认识，最后又回到新的实践活动，这就是主体与客体之间意识关系的全部内容性认识的完整过程。

与这一过程的阶段性相关联，我们认为，真理也可以相对分为三种不同类型的真理，即事实真理、价值真理和实践真理。

当然，这三种不同类型（层次）的认识和真理之间，不是彼此绝对割裂的。在上述分析中我们也可以看到，它们是相互联结和转化的。事实认识（真理）是价值认识（真理）和实践认识（真理）的基础，价值认识既包含事实认识，并且是事实认识的继续和深化，又是导致实践认识的产生和由事实认识向实践认识过渡的依据，而实践认识不但以事实认识和价值认识为基础，同时还包括事实认识和价值认识，它是事实认识和价值认识合乎逻辑的展开和具体化。另外，在现实的认识过程中，这三种认识和真理常常是彼此交融、犬牙交错的。对外界客体的事实认识过程，同时也可能是价值认识和实践认识形成的过程，反之亦然。

然而，尽管它们之间的关系十分密切，甚至是同时、同步的，但这并不妨碍我们对主体与客体之间的意识关系的层次性和认识过程的阶段性，做出科学的抽象和逻辑的分析，并且根据它们各自的本质特性相对地独立出来。这正如实践和认识的关系一样，在其现实的形态上认识和实践是浑然一体、难解难分的，但从抽象和逻辑的角度去分析，它们毕竟是同一过程的彼此有别的两个方面。

（三）什么样的真理才有阶级性

从上述分析可知，在主体对客体的事实性认识的意识关系这一层次上，主体仅仅只是客观地、如实地按客体的本来面目反映了客体的属性、功能和发展规律。事实认识的内容是客体本身所固有的，它独立于主体，是与主体没有内在联系的。这就是说，在事实性认识中，没有渗入主体的利害、好坏、需求等这些主体的内在尺度、内在规定性，因而由事实认识所产生的事实真理，不可能含有主体的阶级性。例如自然科学中的基础理论，社会科学中揭示社会事实本身和发展规律的理论，都不会有阶级性和主体性。

然而，在价值认识和实践认识的意识关系中，情况就很不一样了。因为，在这两个阶段上，主体不但如实地反映了外界对象的客观内容，而且还反映了主体自身的需要、利益、目的、意志等主体的内在尺度，并当主体的内在尺度同客体的对象尺度相一致的时候，就形成了价值认识的真理，进而主体又将事实认识、价值认识同未来的实践活动过程和实践结果统一起来，形成实践认识的真理。而在价值真理和实践真理中，客体的内容、尺度与主体的因素、尺度是彼此合一的，主体的目标、意志、计划与未来的实践活动过程及其结果（在观念中）是相互统一的；做到了合目的性、合需要性、合意向性与合事实性、合规律性、合实践性的有机融合。

这就是说，价值真理和实践真理的内容，是由主体与客体两个方面共同来构成和规定的，是主体与客体相互作用、相互渗透、相互交融的产物，因而必然是主体与客体两者的“合二而一”，具有主体、客体的二重特性。因为，主体与客体之间的关系，是“一物与另一物的关系，是二物之间的关系，不能说它是属于哪一物的”[1]。

---

① 马克思：《剩余价值学说史》第3卷，人民出版社1975年版，第154页。

因此，在价值认识（真理）和实践认识（真理）中，必然包含和存在着主体的需求、利益、目的、愿望、意志等主体的内在尺度、内在规定性。这就决定了这两种类型的真理在阶级社会里有可能合乎逻辑地含有阶级性。

不过，需要指出的是，价值真理和实践真理虽然包含着主体的内在尺度和规定性，但这种尺度和规定性并不完全等同于阶级性。显然，主体的需求不等同于阶级的需求，主体的利益不等同于阶级的利益，主体的意志也不等同于阶级的意志。需求、利益、意志、愿望、目的这些主体的内在尺度不是抽象而是具体的，内容不是单一而是十分丰富的，它们具有层次性、历史性、变动性，在不同的社会、不同的关系里，有不同的内容、不同的表现形式。只有当主体的需求、利益和意志等包含、体现了主体所属那个阶级的需求、利益和意志的情况下，主体的内在尺度、内在规定性才会有阶级性。真理的阶级性是主体的内在尺度、内在规定性在阶级社会里的一定条件下的具体内容和表现形式之一。

这里还需说明的是，我们并不认为事实认识、事实真理是与主体完全无关的。真理既然是一个反映主体与客体间一定关系的认识论范畴，那它必然是由主体与客体两个方面共同来构成的。任何真理，正如不能离开客体而存在一样，也不能离开主体而存在。真理总是这样或那样地包含和体现着主体的规定性。但是，主体的规定性有内在规定性（即前面所讲的需求、利益等）和外在规定性之分。事实认识、事实真理中的主体规定性，就是主体的外在规定性，这主要表现在事实认识、事实真理离不开主体的语言、概念、判断、推理、文字等思想的形式。而价值认识（真理）和实践认识（真理），不但具有思维形式这些主体的外在规定性，而且更包含着主体的内在规定性和内在尺度。

有人认为，承认真理有阶级性就会否定真理的客观性，而陷入“公说公有理，婆说婆有理”的困境之中。其实不然，因为真理中的主体内在尺度和规定性（包括阶级性），只有符合外界事物的客观内容，与客体的属性、发展规律相一致，才能进入真理“之门”，才能转化为真理的一种规定性。客体的内容与主体的因素的统一、融合，不可能是随心所欲的，也不可能是以主体的主观愿望为转移的。因为事情只能是这样：不可能是客体来适应主体，相反，只能是主体去适应客体。所以，承认真理中含有主体的内在尺度、内在规定性（包括阶级性），根本不会否认真理的客观性。

还有人认为，社会意识形态、理论、思想是有阶级性的，但真理是没有阶级性的。这一论点同样是很难成立的。不错，真理与意识形态、理论、思想是不完全等同的。但是，真理难道不是意识形态、理论、思想中的内容之一吗？正确的理论、思想和意识形态就是真理。要知道，真理可以是单一的，也可以是复合的；可以是整体中的部分，也可以是一个系统。例如，马克思主义理论就是由许多真理所组成的复合真理、系统真理。而这种系统化了的真理，就是理论、思想、意识形态。很难想象，只有错误的理论、思想和意识形态（非真理的）才有阶级性，而正确的理论、思想和意识形态（真理的）却没有阶级性。

总之，价值真理和实践真理是可能会有阶级性的。这两类真理之所以有可能含有阶级性，根本的原因就在于它们的内容，即客体的对象尺度和主体的内在尺度、客体的事实性与主体的需求性、客体的规律性与主体的目的性是可以相互统一的。

（四）真理的定义与真理的阶级性

在过去的讨论中，否认真理有阶级性的人，总是用传统的真理定义来证明自己观点的正确性和对方观点的荒谬性。他们首先错误地把真理的阶级性解释为一种与客体的本质、规律性毫无联系的纯粹主观的东西，接着强调真理不过“是人们对客观事物及其规律的正确反映”，最后做出结论说，真理是绝对地排斥主观性的东西的，因而真理不可能有阶级性。

的确，如果真理的上述传统定义是全面的、准确的、科学的，那么，真理的内容就只能由客体单方面来规定，完全与主体的因素无关。而真理的内容构成和规定性一旦与主体的需求、利益、目的、意志、阶级性无关，真理当然也就谈不上有什么阶级性了。

因此，要使某些真理有阶级性的论点能够成立并令人信服，就必须证明真理的内容构成和真理的内在要素是由主体与客体两个方面共同来决定的。而价值认识的真理和实践认识的真理，正如我们前面所论证的，它们是由主体与客体两个方面的内容共同构成的。它们必然地包含着主体的内在尺度和规定性。这样一来，就有必要用真理的新定义来代替传统的定义。

我们认为，主体与客体的意识关系可以分为事实认识、价值认识和实践认识三个不同的层次。事实认识的真理，虽然也已经具有了主体的规定性，即主体的形式规定性（思维形式），但还不具有主体的内在尺度，因而不存在，也不包含着阶级性。传统的真理定义，也正是在主体与客体间的事实性认识的意义上来规定和界说的。满足于这一定义，就等于只停留于一般的、低级的唯物主义的反映论水平上，而没有上升到实践的、辩证的即马克思主义哲学认识论的高度。它既没有充分体现主体与客体的矛盾运动和“实践—认识—实践”的认识总过程，也不符合事实。因为，主体与客体间的意识（真理）关系并非只有事实性认识的一个方面，同时还存在着价值认识和实践认识的意识关系。不但在事实性认识的层次上、范围里有真理，而且在价值认识和实践认识的层次上、范围里也同样有“真理”可言。

所以，传说的真理定义没有概括所有真理的本质和特性，它只适用于事实认识的真理，而不适用于价值认识的真理和实践认识的真理。可见，传统的定义是不全面、不准确、不科学的。

我们认为，真理是主体与客体达到内在一致，内在符合的观念。这一定义，概括了所有真理的本质特性，比传统定义更为科学，它适用于一切真理，而且与真理的阶级性不矛盾。我们把真理定义为是主体与客体的内在一致，不但符合现实认识当中的事实，符合主体与客体之间意识关系三个阶段的事实，而且也是有一定理论根据的。著名的唯物主义哲学家狄德罗说："真理就是我们的判断与现实的一致。"①

这里，我们温习一下黑格尔关于真理是"概念和客观性的同一"的思想，更是很有启发的。大家知道，黑格尔把真理区分为"形式的真理"和"较深意义的真理"。"形式的真理"是指主体对客体的简单事实、现象本身"是什么""是如何"的正确认识。黑格尔认为，这种正确的认识，只能称为"肤浅的真理"。他说："人们最初认为的真理就是：我知道某物是如何存在着的。然而，这只是对意识而言的真理，或者是形式的真理，——只是正确性而已。而按照更深的意义来说，真理就是在于客观性和概念的同一。"在黑格尔看来，"真理是认识和客体的一致"，"观念是概念和客观性的统一，是真理"，"真理也不是枯燥的'是'——它实质上是过程"。②

因此，黑格尔强调指出："一切问题的关键在于：不仅把真实的东西或真理理解和表述为实体，而且同样理解和表述为主体。"③

不但黑格尔认为真理是主体与客体的内在一致，而且经典作家们也常常指出真理是主体与客体的内在一致的东西。马克思说过："我对我的环境的关系是我的意识。"④ 马克思的意思是说，像观念、认识、真理这些意识范围内的东西，是由主体与客体两个方面

---

① 狄德罗：《关于〈私生子〉的第三个谈话》，选自《狄德罗哲学选集》，商务印书馆1983年版。

② 以上引文转自《列宁全集》第38卷，人民出版社1985年版，第211、185、20、334页。

③ 黑格尔：《精神现象学》上册，商务印书馆1979年第2版，第10页。

④ 《马克思恩格斯全集》第3卷，人民出版社1956年版，第34页。

来规定的，因为它们不过是主体与客体相互关系的一种反映。列宁有关这方面的论述就更多了。在《哲学笔记》中，他往往用“概念和客体的一致”，“概念和事物的一致”，“概念和实在的统一”，“主体和客体的统一”等命题来表述真理。他说：“真理是认识和客体的一致……，对一致来说，两方面都是重要的。”“卓越的地方是：黑格尔通过人的实践的、合目的性的活动，接近于作为概念和客体的一致的‘观念’，接近于作为真理的观念。”“从主观的概念和主观的目的到客观的真理。”

列宁还明确地指出，在一些意识、真理中，可以包含和体现着主体方面的内在内容，并且主体的内在规定性可以渗透到客体之中：“概念的形成及其运用，已经包含着关于世界客观地联系的规律性的看法、信念、意识。”“观念、认识是（智慧）为了使无机界受主体的支配以及为了概括……而沉入无机界中的过程……”“主观的意识以及它向客观性的沉入。”①

真理作为主体与客体之间的内在统一，具有过程性和层次性。在这种统一的过程中，主体与客体是可以相互“沉入”、相互“渗透”的。因此，我们必须“修正”真理的传统定义，在深入研究主体与客体的相互关系、相互作用以及不同类型真理的基础上，给出新的科学的真理定义。由此看来，研究真理的定义和讨论真理的阶级性是密切相关的。

（五）经典作家们否定过真理有阶级性吗

经典作家们有没有肯定过或否定过真理的阶级性?

这又是一个有争议的问题。否定真理有阶级性的同志常以经典作家们没有明确肯定过真理的阶级性，作为立论的理论根据。我们认为，经典作家们虽然没有明确肯定过真理有阶级性，也没有明确

① 《列宁全集》第 38 卷，人民出版社 1985 年版，第 185、203—204、139、207—208、219 页。

否认过真理有阶级性，但是，在他们的许多论述中却包含着承认某些真理有阶级性的思想。同时，他们的理论体系、理论著作的事实本身也表明某些真理是可能会有阶级性的。

大家知道，马克思曾有一个深刻的思想：实践结果、人化自然、人造物是主体自身本质力量、内在尺度的确证、对象化和客观化，亦即是主体自身的需求、利益、理想、目的、改造客体的计划等主体内在尺度、内在本质的现实化。马克思把人自己创造的对象世界称作“人的类的生活的对象化”，“人的本质力量的打开了的书本”，是“感性地摆在我们面前的，人的心理学”，并且指出：“实际创造一个对象世界，改造无机的自然界，这是人作为有意识的类的存在物的自我确证。”

之所以如此，马克思论证道：作为主体的人的活动不同于动物的活动，人一方面能够把握“真”，如实地认识客体的“物种尺度”，以便按客观对象的本质和规律去改造对象；另一方面人又能够把握“善”，用主体自身的价值尺度去评价客体，并观念地追求、占有和改造客体，形成未来实践活动的观念模型，以便“处处都把内在的尺度运用到对象上去”①。

如果说“物种尺度”“对象尺度”主要体现了主体与客体之间的事实关系、“真”的关系，那么，“本质的力量”“内在的尺度”则主要体现了主体与客体之间的价值（善）关系、实践关系，并可以在一定条件下含有阶级性因素，因为阶级性无疑也是“人的本质”“内在尺度”的一种表现。

恩格斯指出，共产主义真理既正确地反映了社会历史运动的必然规律的客观事实，同时也体现和包含了无产阶级的阶级性：“在共产主义作为理论的时候，那么它就是无产阶级立场在这个斗争中

---

① 马克思：《1844年经济学—哲学手稿》，刘丕坤译，人民出版社1985年版，第50—51、80—81页。

的理论表现，是无产阶级解放的条件的理论概括。”[①]

作为共产主义的真理（具有系统性和层次性），首先必须正确地反映社会主义、共产主义社会必然要代替资本主义的客观规律。但不能仅仅把它归结为、等同于这种社会发展客观规律的事实性真理。它还包括对社会客体进行评价，反映无产阶级的利益以及如何改造社会、无产阶级怎样获得解放并怎样建立和建设新社会的价值性、实践性的真理。这样，共产主义真理才是全面的、完整的。否则就不能称为科学共产主义。

在马克思主义看来，空想社会主义之所以是空想的，其主要原因就在于它们对资本主义社会这个客体只诉诸价值的评判，仅仅进行了揭露、咒骂和抨击，而缺乏客观的、科学的、事实性的认识，没有论证和揭示资本主义社会的发展规律，同时也没有说明和找到如何改造、消灭资本主义以及如何正确地建设新社会等实践性问题。马克思关于资本主义必然灭亡，社会主义必然胜利的学说作为一个理论体系，之所以是科学的真理，是因为它既包含了马克思对资本主义社会的内在本质和发展规律的如实反映，具有高度的客观性和事实性，又体现了马克思站在无产阶级的立场上，根据无产阶级的阶级利益、要求、愿望对资本主义社会的价值性评价，具有强烈的主体需求性、意志性和功利性；更显现了马克思对如何消灭资本主义、怎样实现社会主义的实践性的意向把握，具有明显的目的性和实践性。

因此，作为“事实性认识”、“价值性认识”和“实践性认识”三者高度有机统一的“资本主义必然灭亡，社会主义必然胜利”这一科学的真理，无疑具有阶级性。它既体现了社会发展的客观必然性，也体现了无产阶级要按照自己的世界观和自己的阶级意志去改造，去建设社会的愿望。可见，某些真理可以有阶级性，与真理的

---

① 《马克思恩格斯全集》第4卷，人民出版社1958年版，第312页。

客观性并不矛盾。

列宁也曾经指出：在马克思主义的理论、真理中，其高度的科学性和革命性不是偶然地而是“内在地和不可分割地结合在这个理论本身中的”[①]。因为，马克思主义的理论和真理，如果只是反映了客体本身“是什么”“是怎样”的客观事实，而不对客体做出价值评价和指明如何改造客体、指导实践，那就不是完整的马克思主义。

事实上，但凡一个完整的理论体系和著作，其内容一般都由事实性认识、价值性认识和实践性认识三个方面所构成。事实认识部分是作者（主体）对客体的本质和规律的如实反映；价值认识部分是作者在事实认识的基础上对客体能否满足一定主体（包括阶级）的需求而做出的功利好坏的评价；实践认识部分是作者在前两者的基础上对客体所做出的改造性、实践性的设想。

马克思主义的理论体系、理论著作也是如此，都包含着相互联系而又相互有别的三个组成部分。就马克思的《资本论》来说，我们也可以相应原则地分为三大部分：第一部分是马克思对资本主义社会发展规律“是什么”“是怎样”的如实反映和把握；第二部分是马克思对资本主义社会、社会主义社会的合理与否、善恶与否、好坏与否等的价值评价；第三部分是马克思对资本主义社会、社会主义社会“要怎样”“要如何”的观念性改造，即实践性认识（当然，这种区分是内在的、逻辑的区分，在《资本论》的体系中三个方面往往是相互交错的）。前一部分不具有阶级性，而后两部分却明显带有阶级性因素。

总之，从经典作家们的有关论述，从马克思主义的理论体系和经典作家们的著作所包含的内容来看，某些真理有阶级性的观点是可以成立的。

---

① 《列宁选集》第1卷，人民出版社1972年版，第81页。

六　“价值王国”里的新探索①

李德顺同志推出了自己的新成果：《价值论——一种主体性的研究》。

这一凝结着作者数年辛劳汗水的力作问世，在一定程度上反映了我国哲学界的价值论研究所达到的深度和广度，并为下一步的研究提供了多方面的思想基础。笔者读了《价值论》后，确有收获和启示，同时，也有一些与作者不同的看法。现把读后感写下来，当作是对《价值论》的简略评价。不当之处，欢迎李德顺和其他同人指正。

（一）价值论研究与思维模式创新

长期以来，我们所接受的马克思主义哲学及其认识论，大概是最突出物质第一性、意识第二性这个原理的。以至于把富有创造性、实践性和丰富内容的马克思主义哲学，只等同于唯物主义；又将唯物主义等同于“唯物质主义”“唯客观主义”；有的可能走得更远，以为只有把唯物主义归结为“唯自然主义”，才可“高枕无忧”。

哲学憎恨人，终会被人所憎恨。当无视人、否定人的价值的“文革”浩劫结束后，中国人热切需要反思大写的“人”。时代呼唤我们的哲学要尊重人、思考人、关注人。人们为了争取“人”“主体”“价值”等理论在马克思主义哲学中的合法生存权，不得不鼓足勇气，冒着风险去寻找生存的根据。

在认识论领域，由于忽视人、主体、价值等，使得传统认识论“物质—实践—认识—真理—物质”的思维模式显得单调乏

① 原载《人文杂志》1988年第5期。

味。在这种“唯物”、线性的思维模式中，自然难以寻到人的主体性和“价值”。

因此，《价值论》的作者不得不花费大量笔墨从理论上去证明“价值问题与马克思主义哲学”的内在相融性；说明探讨价值问题重大的社会实践意义和马克思主义的理论意义。当然，在“新生儿”呱呱坠地时，不可能马上就成为独立的“人”。所以，《价值论》的作者在当年更多地从认识论角度来寻找“价值”的合理生存权。作者旗帜鲜明地认为：“价值问题的提出……要求对传统的认识研究模式进行符合马克思主义精神实质的改革。”（第 33 页）

那么，作者如何论证自己的观点？在认识论中“马克思主义精神实质”到底是什么？对此，作者回答说，马克思主义认识论的精神实质，就是建立在实践论基础上的“全面的反映论”。这种“全面的反映论”，是“对客体意识和主体自我意识的统一，知识和非知识性认识的统一，认识和实践的统一，反映和改造的统一，认识形式的多层次化、多样化的统一，等等”。因此，马克思主义认识论“应该成为关于主体和客体、主观和客观、意识和物质的全面关系的学说”。[①] 而“价值问题是主体性问题的一个最典型的形式”。这样，作者通过对传统认识论模式的“变革”，就牢牢地把价值园地“划归”为马克思主义及其认识论所有了。

马克思主义认识论应该研究人、价值、主体性问题，其意义是深远的。对我们来说，仿佛吹来了一股诱人的新鲜空气。作者敏锐地意识到，“主体性问题的确立和展开，在理论上起着某种改变思维模式和改进思维方法的重要作用”。因为传统认识论的思维模式也并不是不讲“人”，因为任何“认识”，都是人的认识。

但是，为了确保认识的客观真理性，传统认识论试图通过“清除”人的欲望、需求、情感、意志、目的等主体性，来实现无任何

① 李德顺：《价值观——一种主体性的研究》，中国人民大学出版社 1987 年版，第 42、43 页。

主体“附加”的纯粹客观性和事实性。这种无主体性的“人”，当然只能如无情无义的草木一般；而这种无人的主体性的认识论，当然只能以“客观性”“客体性”为出发点和归宿点，只求外界客体是什么、是怎样的“真实性（真理）”，而无暇顾及人对外界客体要怎样和主体自身要什么、应怎样的“价值性”。

当把人的价值性、主体性引入认识论，我们就看到了主体与客体之间关系的丰富性和复杂性；看到了人在实践—认识活动中，既遵循客观世界的外在尺度，又依照人自身主体世界的内在尺度的缘由；看到了主体的客体化过程和客体的主体化过程的双重运动；看到了真理与价值的界限和交融；等等。

总之，我们看到了另一个“王国”、另一个“世界”，而且这个“王国”可能更为五光十色、丰富多样。于是，传统认识论的“一维性”的思维模式，被动摇、被突破了，而代之以“二维性”“多维性”的思维方式。所以，价值和主体性问题的研究，价值和主体性原则的确立，确实标志着认识论思维模式的转变和创新；开拓了认识论研究的新领域，表现了认识论研究的新动向。可以说价值论的研究、人的主体性问题，具有重大的马克思主义理论价值。

马克思主义要大发展、要进入新境界，就必须有新视野，开辟新领域。价值问题的研究，正是在很大程度上冲击了旧观念、旧思维，而开辟了一个新世界。它很可能就是认识论、马克思主义哲学以及整个马克思主义理论进入一个新的发展境界的生长点、启动点之一。

当然，“价值”绝不仅仅是个理论问题，而更是一个实践性、时代性很强的现实课题。从一定意义上讲，国际上的种种分裂和对抗，首先不就是由于“价值观念”的分裂和对抗而引起的吗？我们过去的许多悲剧和失误，不就是由于错误的价值尺度所导致的吗？今天，我们要改革、创新，其本身就是更新价值观念的结果和表现。

总之，价值问题的深入研究，将会积极地推进马克思主义理论的发展，同时也将大面积地促进人们思维方式、价值观念和行为方式的更新和变革。

价值论的研究应该继续朝这个思路努力，多在一些带根本性的问题上下功夫，在这里，笔者想提两个与思维模式（思路）有关的价值论研究中的问题。

第一，应该从更广的视野和角度来研究价值问题。我们不仅需要从认识论方面去研究，从哲学方面去研究，而且还同样需要从别的领域、别的思路去研究。例如，有人认为价值是伦理学中的问题；有人认为价值是历史唯物主义中的问题；有人认为是美学中的问题；也有人认为应该建立自成体系的"价值论"；还有人认为哲学就是价值学（价值哲学）；等等。在笔者看来，从上述各自不同的"思维模式"出发研究价值或建构价值论，都是可以的，至少是值得尝试的。甚至有人从主观（唯心）主义角度研究价值问题，也未尝不可。不必强求一个统一的思维模式和思路。这里尤其值得一提的是，新的思维模式不必处处与旧的思维模式"衔接""中和"，甚至迁就，否则，会极大地束缚我们的创造性思维，磨平我们的锐气。

第二，主体与客体的关系是不是只有真理与价值两个方面？认识论是不是只围绕真理与价值相互独立而又相互统一的二重思路来建构？《价值论》作者基本上持肯定观点，并且是用价值与真理这一双向统一的思路，来发表他对认识论基本框架的看法的，并在《价值论》中贯彻了这一思路：起点是主体与客体，客体尺度与主体尺度；终点是真理与价值的统一（自由）。[①] 笔者原则上是赞成作者的这一思路的。但也要防止绝对化。作为一种可能性的思路，主体与客体之间除了真理与价值关系外，也许还有别的关系；认识

---

① 李德顺：《价值观——一种主体性的研究》，中国人民大学出版社 1987 年版，第 31、32 页。

论也许不仅仅只围绕真理与价值来建构和展开自己全部的丰富内容。比方说，马克思曾讲到人有理论的、宗教的、艺术的、实践精神的把握世界的方式。还有没有别的把握方式，也很难说。这些把握世界的方式，实际上都是主体与客体之间的基本关系。而这些基本关系虽然都包含真理与价值的内容，但有些却不能简单地归结为真理或价值的关系。

（二）“价值”的基础性与“基础”的有效性

在第一编“价值的本体论研究”中，作者分别论述了“价值的基础”、“价值的本质”、“价值的特性”和“价值的类型”。

显然，作者是想进入作为自在存在的价值本身内部，寻找价值存在和产生的本体论根据，力图解决“价值”的基础性问题。

作者对价值实质的看法是：“在主客体相互关系中，客体是否按照主体的尺度满足主体的需要，是否对主体的发展具有肯定的作用，这种作用或关系的表现就成为价值。”[①] 由此可见，作者对“价值”实质的理解，无疑侧重于主体的需要、主体的尺度。他甚至直言不讳地断定：价值概念表述着“客体主体化的过程，亦即主体性的内容和尺度”[②]。

科学地规定价值的含义，是整个论证过程的逻辑前提。作者由此出发，构筑了价值现象得以存在的“根基”。在作者看来，价值现象普遍的客观基础是：主体与客体之间一种最基本的关系。这种关系又表现在主体与客体相互作用的两个方面：客体的存在、属性和合乎规律的变化，具有与主体的生存和发展相一致、符合或接近的性质；而这种性质是由于人的主体性、主体内在尺度作用的结果，因而主体的内在尺度更为主导和根本。

把主体性、主体内在尺度作为价值最核心的本体论根据，同时

① 李德顺：《价值观——一种主体性的研究》，中国人民大学出版社 1987 年版，第 108 页。

② 同上书，第 106 页。

也包含着否定价值的普遍客观性的因素及其可能。这就是说，价值的这种客观基础是值得怀疑和需要论证的。所谓“价值的本体论研究”，在很大程度上就是“价值的客观性研究”。在作者看来，马克思关于人类既依据外界对象的尺度，又按照人自身的内在尺度来从事活动的理论，是我们把握价值之谜、价值的客观根据的钥匙和出发点。即使如此，主体性内容、主体尺度、客体主体化作为价值的本质和基本特征，其客观性和可靠性仍是需要论证的。

为此，作者一反传统思维模式，从主体性自身，而不单单从客体方面来论证价值的客观性。这在思维方式上是一次惊人的，然而又是富有启发意义的“跳跃”。作者明确地意识到，价值的特点在于：它虽然是主客体之间的一种统一状态，但“这种统一必须是符合主体需要和内在尺度的，是客体为主体服务，是主体性占主导地位的统一。因此，对价值的客观性的理解，首要地取决于对主体客观性的理解”①。作者围绕这一关键性问题，对主体的客观性做了层层剖析。

首先，人、主体是物质的、社会的、客观的现实存在。其次，人、主体的需要、生存和发展及其条件，也是不以人的主观意志为转移的。最后，人、主体的活动本质上是物质世界不同形态相互作用的客观过程。此外，任何主体都是社会存在和自然存在的统一，自然与社会对主体的客观规定和制约性，更是主体客观性的根本表现。当然，价值在主体上的客观性，并没有抹杀价值的主体性和价值类型的丰富性。

至此，作者初步揭示了价值现象存在的客观性基础（本体论根据），即：在主体与客体的实践——认识活动中所必然存在和展开的一种最基本的关系——客体的主体化；客体的一定属性是形成一定价值的客观前提、必要条件和要素；主体的内在尺度、主体生存

---

① 李德顺：《价值观——一种主体性的研究》，中国人民大学出版社 1987 年版，第 125 页。

发展的需要，则是价值最深刻、主导、核心的内容和根据；而人的这种内在尺度具有不依赖于人的主观意志的客观性。

然而，对于作者所勾画的这一“价值根基”，其完美性、合理性、可靠性仍然还有值得怀疑的地方，至少还需要继续做一些“加固”“修补”工作，我们提出以下两点看法与作者讨论：

第一，人的主体性、主体的内在尺度，的确是价值存在的最基本、最关键的根据。但是，问题在于恰恰还需要对人的主体性、主体的内在尺度本身进行批判。人的主体性、主体的内在尺度何以成为价值的合理根据？人的主体性、主体的内在尺度何以是合理、有效、可靠的？在这些更为深层的问题上，作者似乎论及不多，给读者的一个印象是：在人的主体性、主体的内在尺度问题上，作者似乎有点持天然合理论。作者认为，“作为主体的内在尺度，价值标准本身是与主体存在直接同一的，在主体的客观存在之外，它不需要其他客观前提，它本身就是客观的。因此，问‘为什么说价值标准是客观的’，就像问‘人，主体的存在及其需要为什么是客观的’一样，是一个不应该提出的问题”①。可见，作者认为价值与主体存在是直接同一的，因而是合理的、可靠的。问题是：这种直接同一是否是无条件的？在现实的社会历史形态中，主体的存在、主体的内在尺度是否是无条件合理的？在人类社会中，如果说存在着一个肯定意义上（或说真善美）的正价值世界，那么，是否还存在着一个否定意义上（或说假丑恶）的反价值世界？而“反价值形态”存在的根据在哪里？与主体的存在和尺度是什么关系？因此，还需要对价值存在的根据——主体尺度本身进行批判。

第二，价值的客观性的普遍有效性和合理性，也有某些可探讨之处。其一，作者通过区分主体与主观、主体性与主观性的界限和论证人的主体性、主体内在尺度的客观性来说明价值的客观性，其

① 李德顺：《价值观——一种主体性的研究》，中国人民大学出版社1987年版，第282页。

论证方法似乎多少有点“用消灭主体性中的主观性来确立价值客观性”的嫌疑，或者可以说，论证的结论可能已经悄悄地包含在前提之中了。其二，作者提出了颇有见地的新观点，即主体的客观性。这样一来，就需要对“客观性”自身做一番批判。主体的客观性与客体的客观性有什么区别？客观性的本质含义是什么？它有没有层次性？如此等等。这是否会意味着“客观性”理论的一场变革呢？

（三）价值的评价与评价的实质

人所共知，价值论研究中最令人头疼、最困难的问题之一是：人们凭什么说某物、某事、某人的行为是好的、善的、有价值的？为什么对有些人是有价值的东西，对另一些人可能恰恰是无价值的？人们的价值意识、价值取向有没有普遍有效的标准？

作者在第二编“价值的认识论研究”中，不但没有回避这些难题，而且比较系统、精彩地做了探讨和回答。据我所接触到的材料来看，对价值意识、价值评价及评价标准做如此系统探讨的还不多见。

在第二编“价值的认识论研究”中，作者的论证目的和特点是十分明显的：

其一，彻底贯彻唯物主义路线，把价值意识、价值标准、价值评价等“还原”为“事实”的反映或状态，证明它们的客观性和可靠性。

其二，试图揭示人们的价值意识、价值认识活动整个内部过程的本质、机制及其相互关系，进而描绘出价值认识论的蓝图。

其三，以主体的客观性和价值事实性为主线，建构起价值评价标准的系统序列，试图揭开价值评价、评价标准“王国”的“司芬克斯之谜”，寻找评价及其标准客观化、合理化、科学化的内在根据。

作者的所有这些尝试，显然是很有价值的工作，应该说也是很有成效的。作者所确立起来的价值“认识王国”“评价王国”，也的确值得读者“前往一游”。但是，在笔者看来，作者所提供的“评价王国”及其思路，在某些实质性问题上仍有不尽如人意的地方。这主要有以下几个方面：

第一，作者认为，“价值意识”是对客观的现实的价值关系的反映，“价值标准”就是客观存在的主体需要和利益；“价值评价”是价值主体对价值关系运动的客观结果（价值事实）的反映；“评价标准”是对客观的价值标准的反映；客观的实践活动是检验评价标准的“最高准则”；等等。我们毫不怀疑：作者确实是把“价值认识”、“价值评价”的“王国”，牢牢地安放在唯物主义的坚实基石上了。但我们也多少有点儿感觉到：“客观性”浓了些。如果再继续走下去，会不会只剩下一个“客观主义”的“必然王国”？换句话说，人在自己的“价值园”里有没有、有多少主观的自由度？价值主体的人面对“价值王国”有没有、有多少选择度？本来，价值（认识）与选择是一个很重要的问题，作为《价值论》是不能不专门探讨的。但由于基本思路的某些局限性，作者没有做专门的论述，这实在是件憾事。

第二，在评价与反映关系的问题上，作者认为“评价不是别的，正是一种关于价值的反映”①。尽管作者详细论证了“评价”（评价性认识）与“认知”（知识性认识）是两种相互有别的不同类型的反映，但我们认为，评价的实质和特点主要是不是“反映”是仍需探讨的。

这里涉及这样几个问题：

一是“反映”概念的理解。作者主张把反映看作思维、意识与存在（不是主体与客体）之间关系的本质（而不是特定形式），因

---

① 李德顺：《价值观——一种主体性的研究》，中国人民大学出版社1987年版，第251页。

此认为人类的"一切意识"都是"反映"[①]，那当然自不待言，"评价"即为"反映"。然而在我们看来，事实上有些认识和意识活动，如创造性的认识、虚幻性的意识、想象性的认识等，恐怕不能简单地归结为"反映"。虽然任何认识、意识都包含着反映，但并不是任何认识（意识）就是反映；

二是"反映"概念是否完全表达了评价、评价性认识的本性和实质，也还有进一步推敲的必要。评价不但对主体置身于其中的价值关系及其结果做出"反映"，而且更为根本的是要超越当下的价值关系及其结果，选择和观念地创造出新的价值关系及其结果。

第三，在评价的多样性与统一性问题上，作者认为，由于价值和价值关系本身是具有主体性的，价值标准、评价标准也有主体性，而且每一主体自身的价值标准和评价标准又是多维、多向的，因而要想使评价有公认的统一标准，是难乎其难，甚至是不可能的，如果有统一的评价标准，那只能以"主体本身"的统一，即主体有共同点为前提。[②] 可是，在我们的现实社会生活中，又不可能有绝对统一的、唯一的、不变的"主体"和"主体性"。

因此，作者实际上不太承认客观的统一的评价标准。虽然作者也指出：如果主体是人类，那么"人类性"就是全人类的一切评价标准[③]，但是，难道对一切个别主体来说，社会就没有一个（或几个）统一的标准了吗？我们认为，这类统一标准是存在的。一个社会作为众多个别主体有序化、组织化了的共同体，它必然会形成、制定出用以规范个别主体行为的相对统一的价值评价标准。例如，国家的法律、法令、社会的风俗习惯、普遍适用的伦理道德规范等，在一定时空条件下，它对每个社会都是共同适用的统一标准。

---

① 李德顺：《价值观——一种主体性的研究》，中国人民大学出版社 1987 年版，第 39—41 页。

② 同上书，第 146、307 页。

③ 同上书，第 307 页。

主体符合这些社会共同的标准，就会得到认可、赞成；主体不符合它们，就会受到否定、谴责，而不能完全以每个主体自身的尺度为转移。否则，就有可能给那些反社会、反价值、“假丑恶”的行为提供“合理”的辩解口实。

当然，对价值标准的这一讨论，需要放到社会历史的“价值论”中来研究，在认识论中可能难以完全解开“价值标准统一性”之谜。

（四）超越鸿沟与填平鸿沟

真理与价值、事实判断与价值判断的关系问题，论证它们的差异，似乎并不存在多少困难；难点在于证明它们的统一性；而真理与价值在实践中、在现实生活中，却每时每刻地在表明自己的统一性。

因此，证明真理与价值统一性的真正困难，主要不在实践领域，而在理论和逻辑的天地里。真理与价值的典型的逻辑表述，就是“是”与“应该”。如何从“是”推导出“应该”，这可是一个令历代思想家、哲学家伤透脑筋而又收获甚微的世界性难题。

迄今为止，恐怕没有一个哲学家敢断言自己已经完全超越和填平了“是”与“应该”之间的逻辑鸿沟。的确，从推理过程上讲，无论如何不可能从“是”中导出“应该”。因为，从逻辑形式上看，“是”不能包含“应该”，而“应该”也不能归结为“是”。这实际上是一种“是”与“非是”的矛盾关系，问题的否定答案已经包含在前提之中：从“是”本身不能导出“非是”（应该）来。

因此，问题的出路在于怀疑和批判“是”，也就是说，把客体、事物、世界、真理、事实看作非价值（非应该）的“是”，其命题本身能否成立？其有效性和可靠性是否值得怀疑？《价值论》的第三编“价值与真理的辩证法研究”正是沿着这一思路去试图超越

“是”与“应该”的逻辑鸿沟的。

作者紧紧抓住“世界是什么”这一关键性问题做了剖析。首先，假如这个世界仅仅是指客体，而从“客体是什么”本身，确实不能逻辑地推出“主体应该怎样”。其次，这个世界可能是指主体（主体也是世界的一部分），而从“主体是什么”则能逻辑地推出“主体应该怎样”。例如，人的本性包含需要；“应该怎样”是根据需要决定的；因此，人的本性包含着决定“应该怎样”的因素。最后，这个世界也可能是指“主客体的关系”，而从“主客体的关系是什么”，也可以导出“主体应该怎样”。例如，“人类依靠与大自然的物质交换来维持生存和发展……这种物质交换出现了障碍；人类要继续生存发展，就应该设法避免和消除障碍”。这样看来，由于作者将“主体”“主体的价值因素”加入“世界是什么”之中，就基本上超越了“是”与“应该”的逻辑鸿沟。

我们虽然还不敢就此宣布作者已经解决了从“是”中不能导出“应该”的世界性逻辑难题，但无论怎样，作者的探索思路是很有启发意义的。其特点在于利用了这样一个前提：在现实关系中，推理不可能是无主体的，而是必有主体本身在内的，绝对纯粹的“是”是不存在的。

但是，作者并没有完全填平“是”与“应该”之间的鸿沟，因为，从“客体是什么”能否导出“主体应该怎样”的难题，作者做了否定的回答，而这恰恰是最关键的。因为，从“是”中不能导出“应该怎样”的“是”，其本意主要就是指主体之外的“世界”。

因此，“鸿沟”依然还严峻地存在着。我们认为，是否可以把作者的思路贯彻到底，给主体之外的世界、客体“赋予”某种价值意义？因为，当我们说从“客体（世界）是什么”不能导出“主体应该怎样”时，实际上是以对客体、世界的非价值性假设为前提的，而这一前提恰恰是未经逻辑证明的。其实，即使与主体尚未发生关系（不等于不发生）的客体、世界，主体在经验和实践上并不认为是无价值的；实际上，这些客体、世界总是存在着潜在的价值；客体、世界的本性、规律的自在尺度，在一定意义上就是主体价值的“化身”，因为，它也规定着价值的性质、价值的方向、价值的程度、价值的界限，因而它也总是规定着主体“应该怎样”。

顺着这条思路走下去，是否有希望完全填平“是”与“应该”的这条古老鸿沟呢？虽然不能保证绝对成功，但起码值得一试。

综上所述，《价值论》的作者在我国哲学界这块开辟不久的价值园地里，比较系统地做了一番清理工作，对构成价值论体系的基本概念做了思辨性考察，站在唯物主义的立场上，高扬了人的主体性，为巩固和扩展价值论研究的成果，做出了新的努力。当然，价值论研究是一项繁复而艰难的工作，在我国，价值科学或者说马克思主义价值论的理论大厦，充其量不过才刚刚“破土动工”而已。因此，正如作者自己所说：“在任何意义上都不能说它已经或正在完成这种工作。”（第 8 页）该书在思路和论点上的那些不足之处，语言叙述风格上的那种“拘谨味”“书卷气”，也许都印证着价值论初创时期的某些不成熟性。尽管如此，它对那些在价值园地里辛劳耕耘的学友同人来说，毕竟是一份不算太轻的“礼物”，至少，它为我们提供了有益的借鉴和批判对象，为继续推进价值论研究提供了探索的新起点。

七　市场经济：重构社会价值体系①

社会的运作和人的行为，既受制于一定的体制、法律和方针政策，又受制于一定的价值观。发展社会主义市场经济，建设有中国特色的社会主义，就必须重视与之相适应的价值观建设。没有与社

① 原载《光明日报》1994 年 1 月 9 日；《新华文摘》1994 年第 3 期转载。

会主义市场经济相适应的价值观，就不可能有社会主义市场经济的健康发展；不形成有中国特色社会主义的价值观，就不可能顺利地推进有中国特色的社会主义事业。

（一）市场经济条件下加强价值观建设的必要性

培育和倡导积极健康的价值观，对我国社会主义精神文明建设乃至整个中国特色社会主义事业，具有十分重大的意义。

第一，改革开放和建立社会主义市场经济体制是一场社会结构的深刻变革，这种变革不只是社会运行方式和机制的根本性转变，同时也必然伴随着思想观念和价值观念的时代性更新。从一定意义上讲，改革一种旧的价值观和确立一种新的价值观，要比变革一种旧的体制和建立一种新的体制更为艰巨和困难。而改革开放和建立社会主义市场经济体制的伟大社会实践，没有一种相应价值观的变革和支持，是难以取得长期成效的。

第二，改革开放和发展社会主义市场经济的实践，不只是一种纯体制、纯经济性的活动，它们本身就体现着对旧的价值观的某种否定，内在地包含着一种新的价值观。人们对改革开放和发展社会主义市场经济的认可、支持和期待，在很大程度上就是以认可它们背后的价值观为前提的。但是，人们的认可往往是感性的、局部的和自发的。另外，我们至今仍没有自觉地形成关于改革开放和社会主义市场经济的本位价值观的系统理论。显然，建构起这样一种价值理论，并以此来支持、规范和引导改革开放和发展社会主义市场经济的实践，是十分必要的。

第三，社会主义市场经济不但具有直接的本位价值，而且具有广泛而深刻的社会功能价值。但是，市场经济的社会功能价值毕竟是有局限性的。这主要表现在两个方面：一是发展市场经济实践过程中孕育而生的价值观，尽管在社会经济生活中可能起主导作用，但它不等于整个社会的价值观，而只是整个社会价值观念体系中的一个重要组成部分，其作用的覆盖面不可能扩展到社会的所有领域，而且也不应该在社会的全部领域都普遍“通行”。因为，经济生活只是社会生活的一个方面，而不同的社会生活领域一般都有不同的价值取向。与市场经济相对应的价值观，在经济领域和市场活动中是应该普遍遵循的，然而，一旦超出这一范围往往就会“失灵”“失效”；二是市场经济对社会价值观念的作用和影响，通常具有积极的和消极的双重效应。如何发挥其积极作用，减少其负面影响，这不但需要正确的引导，而且需要全面系统地加强社会价值观念体系的建设。

（二）努力建设有中国特色社会主义的价值观

价值观念作为社会存在和发展的重要条件，有着广泛的内容。从一定意义上说，社会上存在的任何一种现象和人们的任何一种行为，背后都隐藏着相应的价值观念。我们要全面推进有中国特色社会主义事业的发展，就必须全面地加强社会价值观体系的建设。

笔者认为，当前着重从三个方面来建设有中国特色社会主义的价值观：一是社会主义市场经济价值观建设。二是整个社会生活中普遍起控制和规范作用的现实价值观建设。三是作为社会发展方向和社会要倡导的、指向未来的理想价值观建设。市场经济价值观、社会生活现实价值观和理想价值观，是互为补充的有机整体，它们共同构成有中国特色社会主义价值观体系的基本内容。

第一，市场经济价值观建设。所谓市场经济的价值观，是指市场经济的本位价值和社会功能价值。它的主要内容是：对实效性价值的最大限度的追求，利益导向处于调控经济行为的支配地位，以主体本位为主的互利价值取向，自主的价值取向，等等。毫无疑问，市场经济的价值观是市场经济运作的价值基础，是市场经济活动必须普遍遵循的价值原则，也是市场经济实践必然要呼唤和造就的价值观念。我国目前还没有形成系统的社会主义市场经济价值观，这一方面说明我国市场经济的发展尚处于初始阶段；另一方面也说明必须更自觉地加强市场经济价值观的建设，建立和健全市场经济的价值观，无疑是整个社会价值建设的基本任务之一。

第二，社会生活现实价值观建设。经济生活是社会生活的一部分，市场经济的价值观不能取代整个社会的价值观。同时，实践使人们越来越清楚地看到，市场经济的价值观对社会其他领域的积极作用，不仅是有限的，而且往往有明显的消极效应。例如，作为市场经济价值观主要内容的效益、功利、实利、本位互利、自主等价值取向，按其本性它们会自发地向功利主义、金钱主义、实惠主义和利己主义这类消极的价值观倾斜。加强社会生活现实价值观建设，既是维护社会稳定、和谐发展的需要，也是抑制市场经济价值观消极作用、保证社会主义市场经济健康发展的需要。

当前，社会生活现实价值观念的建设，主要有以下内容：既要承认和保护个人利益，又要把个人利益同集体利益和国家利益结合起来；既要自主、自立、自强，又要把责、权、利相统一；既要增强效益、实效观念，又不能导致功利主义和实用主义；既要增强实惠观念和物的价值观念，又不能忽视精神价值和人文价值；既要增强竞争观念，又要提倡人与人之间的和谐与友爱；既要增强效率观念，又不能忽视和否定社会公平；既要增强行为的目的意识，又要讲究手段的合理性；等等。

第三，社会理想价值观建设。社会现实价值观念，是“允许”“可以”如此做的价值取向，它直接用于社会现实生活的调控。社会理想价值观念，是“倡导”“期望”“希望”如此做的价值导向，它主要用于社会感召。显然，理想价值观念是指向未来的先进的价值观，代表社会价值观的发展方向。它虽然不要求所有社会成员必须如此去做，但对现实生活仍会有相当大的规范作用和导向作用。

中国特色社会主义的理想价值观念，主要包括以下内容：共产主义理想和社会主义信念；以天下为己任的爱国主义；以整体、国家和社会利益为重的价值取向；义利并重，见利思义，天下为公的情怀；等等。如果说市场经济价值观的主导价值取向，是倾向于行为主体的利益，而社会现实价值观的主导价值取向，是坚持个人利益和社会利益的统一性的话，那么，社会理想价值观的主导价值取向，是以社会为本位的。这是有中国特色的社会主义价值观依次递升的三大部分内容。加强有中国特色社会主义价值观的建设，必须同时加强市场经济价值观念、社会现实价值观念和理想价值观念的建设，并努力使其形成一个完整统一的价值观念体系。

第四篇

“经济人”与“道德人”的迷思

在上一篇里，我着重探讨了客观事实与人们价值利益的关系，试图说明，作为客观对象“是什么”“是怎样”的“事实认识”“事实真理”与主体人“要什么”“应如何”的“价值判断”“价值真理”是有区别的。前者反映客观对象的“本然”状况，后者说明主体人的“应然”状态。

价值的实质是人们的利益关系问题。在市场经济条件下，市场活动主体是按照什么利益原则行事的呢？毫无疑问，市场主体——即“经济人”通常是按市场法则行事的。市场法则主要是在社会的法律制度基础上按利益的最大化原则行事。市场竞争中主体是“经济人”，而不是“道德人”，主要不按道德律令行事，也不同情“眼泪”。

当然，市场经济活动毕竟是社会活动的一部分，市场主体也毕竟是社会的人。因此，“经济人”与“道德人”似乎也并非绝然分离、水火不易的。

正因为如此，古今中外都有不少经济学家探讨“经济人”与“道德人”及其关系的，现实生活中人们也常有市场竞争中“强者”与“弱者”的纷争，尤其对集市场主体（“经济人”）与社会主体（包括“道德人”的社会角色）于一身的企业家，人们对他们通常也用“经济人”与“道德人”的双重人格和角色去评判他们。

我们认为，将市场经济条件下的活动主体的“经济人”与“道德人”绝对分离开来，或者简单混为一谈，都是不可取的，也是不符合社会现实生活本来状况的，更是与我们要建设的社会制度和追求的发展目标不相一致的。所以，有必要揭开“经济人”与“道德人”的神秘面纱，铺设起它们互通互联的“桥梁”。[①]

一 铺设通向市场经济之桥[②]

社会主义市场经济是一种崭新的经济体制。它既具有一般市场经济的运行规则和价值取向，又具有自己独特的内容和个性。在当代中国，市场经济是同社会主义基本制度结合在一起的，而且也总是同社会主义价值观紧密相连的。社会主义市场经济与社会主义价值观的内在联系，一方面表现为社会主义市场经济活动包含、体现和丰富着社会主义价值观；另一方面则表现为社会主义价值观反映、支持和保证着社会主义市场经济的健康发展。

（一）市场经济的社会目标

作为比以往社会形态更高类型的理想社会，社会主义所体现的价值意义，乃是建构起一个更有效率、更加公平的社会结构和组合状态，从而更能满足人民群众物质文化的需求，更加符合人类和社会全面发展的需要。但就操作方面来讲，社会主义并无固定不变的运行模式。

围绕上述中心价值观念，社会主义价值观又可化解为一系列更加具体的价值目标和原则，择其要者而述之，其主要有：社会主义社会应比旧的社会更快、更有效地解决和发展社会生产力；尊重劳

① 本篇的这些前言性文字，写于2016年11月25日。

② 原载《文汇报》1994年12月31日第7版。

动和创造；以消灭剥削和消除分化，实行按劳分配，逐步达到共同富裕为基本内容的社会公正；以社会为本位，倡导集体主义；追求社会全面进步和人的全面发展；等等。正如邓小平指出：“社会主义的本质，是解放生产力，发展生产力，消灭剥削，消除两极分化，最终达到共同富裕。”事实上，社会主义的本质，也就是社会主义的价值目标。

发展社会主义市场经济不但不同社会主义价值观相悖，恰恰是实现它的根本途径。市场经济是人类社会经济发展历史进程中不可逾越的阶段，同样也是社会主义社会经济发展进程中不可逾越的阶段。历史和实践充分证明，市场经济是人类历史迄今为止配置社会资源最为有效的经济组织方式。发展社会主义市场经济，可以用更科学合理、更先进有效的经济运行机制，去实现社会主义的价值理想和目标。

显而易见，有利于发展社会生产力，有利于提高人民的物质文化水平，有利于增强综合国力，逐步实现社会共同富裕，推动社会全面进步，这既是我们实行社会主义市场经济最根本的社会目标，也是当代中国社会主义最基本的总体价值目标之所在。

（二）市场经济的精神文化

在我国社会主义市场经济新体制的发展过程中，一方面需要建设同市场经济运行规律相适应的环境文化；另一方面又需要培育市场经济运作本身的自体文化。

市场文化就是这种环境文化和自体文化的统一。诸如有利于市场经济健康有序发展的科学理论、宣传舆论、文艺作品、社会公德、人际关系、生活方式、优雅空间等，它们构成了市场经济发展的环境文化；而各种各样的企业文化、企业精神、商业文化、商业道德、职业道德、经营作风、服务公约等，则形成了市场经济发展的自体文化。

显然，积极营造同社会主义市场经济相适应的精神文化，为其良性运作提供内在的“润滑”、精神的动力和积极的文化氛围，有独特的重要意义。

应该说，在市场经济活动中注重市场文化建设，是我国社会主义市场经济的独特优势之一。换言之，我们的市场经济需要和塑造的是文明的现代社会和文明的现代人，追求社会的文明进步和人的全面发展是它的最高价值目标，因而它需要更多的文化观照，也必然要孕育着更多的文化意蕴。可以说，文化价值也是社会主义市场经济所追求的一个基本目标。

我们认为，就市场经济中自体文化建设而言，应主要围绕以下几个问题展开：

一是倡导社会责任意识，以引导经济活动主体意识到其行为不仅是经济的，同时也是社会的，不但是个体的，同时也是群体的。因而必须有社会责任意识和行为道德意识，自觉谋求个人利益、集体利益和国家利益的统一，企业效益、社会效益和环境效益的统一。

二是树立合法正当意识，以引导经济活动主体确立合法正当的目标，坚持做到利用合法正当的手段，采取合法正当的途径，获取合法正当的收益。

三是提倡“以人为中心”的管理意识，以引导经济活动主体既讲物质利益，又重视精神文化追求；既发挥物质的效能，又重视发挥人的潜能；既讲生产效率化，又注意生产的“人道化”；既创造物质产品，又塑造新的人，努力实现企业的经济收益和人的素质的提高相结合。

四是重视科技文化投入意识，以引导经济活动主体努力依靠降低土地、资源、财力、物力、人力等有形投入，不断提高科技文化等无形投入来提高产出效益。

（三）塑造“经济人”与“道德人”相融共通的市场主体

市场主体是市场经济的核心。因为它是市场活动的发动者和调控者。

社会主义价值观能否顺利铺设通向市场经济之“桥”，并内化为市场目标和市场规范，其关键就在于市场主体的完整设定和素质培养。

同任何经济体制一样，社会主义市场经济内含着对人之本质及其价值取向的预设，即经济人的设定。这就是关于人们经济行为和社会经济体制运作最直接有效的动力源泉的哲学理念。

毋庸置疑，凡市场上活动的人，即有自身利益并总是为着自己利益而行动的人。这是“经济人”的最一般内涵。更具体一点讲，“经济人”的行为特点，主要有：经济行为受自身的利益驱使；经济行为遵循“少投入、多产出”的效率原则；经济行为充满竞争和风险色彩；经济行为遵守国家法规。社会主义市场经济的活动主体也理所当然地必须具备“经济人”的行为特性，但倘若只停留于此，则仍无以构成社会主义市场经济健全的市场主体。

换言之，“经济人”只揭示了市场主体的主要特性，并没有收摄市场主体在经济活动中所内含着的社会生活的全幅画面，更何况，“经济人”及其市场行为，本身就属于社会生活的一部分。这就是说，市场主体本质上是社会主体，是一种活生生的社会人。作为“社会人”和社会活动，市场主体必然要关涉社会道德，承担社会责任，至于他是否自觉意识到这一点那是无关紧要的。

然而，正是市场主体的“社会人”和社会行为的“角色”，有可能把“经济人”从经济的个人利益的必然性中引导到“道德人”的社会规则中来，从而达到利己与利人的现实统一。

因为，作为“社会人”的市场主体，单一的经济实利并不能满足其全部需求，它还需要解决人生的终极意义、恒久的价值关怀和道德上的安身立命之本。这样，对“经济人”的道德提升不仅是可能的，而且也是市场主体的客观要求。另外，由于社会主义市场受制于社会主义基本制度，特别是以公有制经济和按劳分配为主体的基本经济制度，因而占主导地位的市场主体，只能是国家和集体，不是个体的人。而“公有化”的市场主体，不但要求获得自身利益，还要创造集体的、国家的利益，承担社会的责任。

这是社会主义市场经济活动中市场主体超越“经济人”，而更多地含有“道德人”意蕴的经济基础。所谓“道德人”，它既有良好的守法意识，又有善恶荣耻感、助人为乐和超功利的奉献精神。

市场经济海洋中的“经济人”及其“自利心”，确有产生个人利己主义而作恶的倾向，在经济冲动和私利物欲面前，道德并非战无不胜的武器。因此，社会不但需要道德秩序，还必须同时借助于强制的外在力量，创设市场经济运作的规则，订立制度，建立法规。

同道德规范的崇高性和神圣性相比，市场规则带有功利性和工具性。然而，市场规则也可以逐步同化为市场主体的“道德性规范”。这是由市场规则的基本功能所决定的：市场主体违抗市场规则必将受到法律的强力制裁，也必将受到市场运作本身的经济制裁，还将受到社会舆论的道德制裁（因为公众从来就认同法规是最低限度的“道德秩序”）。这种制裁实际上是一种校正力量，促使市场主体接受、认同和履行市场规则，并逐渐消融市场规则的外在钳制性，而逐步转化为行为主体的某种内在要求，进而开启“道德良知”之门，领悟到市场规则的合法性和合理性，最终内化为“应当”遵守的一种规范。

至此，市场规则转化为市场主体的道德规范不仅是可能的，而且已是现实的了。因为，这时候的市场规则既是市场主体的求利工具，又是市场主体超越功利而作为一种良知、义务和责任来履行了。当然，市场规则需要经过长期的实践熏陶，才能内化为市场主体的道德规范。

如此看来，在发展社会主义市场经济过程中加强社会主义价值观和道德观建设，不但不违背市场“经济人”的义理和特点，而且是市场经济有序健康发展所必需的。社会主义市场经济完全可以超越“经济人”和“道德人”这个“二律背反”，而塑造出一批批兼具“道德人”和“经济人”风范的市场主体。这是当代中国社会主义价值观和道德观建设的又一个基本任务。

二 塑造“经济人”与“道德人”相通的市场主体①

市场主体是市场经济的核心。因为它是市场活动的发动者和调控者，社会主义市场经济的规范有序和顺利发展，关键一环就在于市场主体的完整设定和素质培养。而市场主体的发育成熟，一个最引人纷争的问题在于市场活动中的“经济人”与“道德人”、“自利”与“公利”是否相通、能否结合。

当然，要疏解这一历史困结，并非轻而易举的。西方学界至今仍有“经济人”与“道德人”、现实主义与理想主义、伦理主义与功利主义之争。

这里，我们试图从市场经济运作及行为人的特性出发，以期揭示市场主体自身内存或生发着的伦理价值之“光”，进而为市场经济的价值关怀和道德观照，找到平坦之途，营造合适之所。

（一）“经济人”的道德提升

毋庸置疑，凡在市场上有作为的人，即有自身独立利益并总是为着自己利益而行动的人。这是“经济人”的最一般内涵。

---

① 原载《浙江经济报》1995年2月8日第3版。

更具体一点讲，“经济人”的行为特点，主要有：经济行为受自身的利益驱使；经济行为遵循“少投入、多产出”的效率原则；经济行为充满竞争和风险色彩；经济行为遵守国家法规。社会主义市场经济的活动主体也理所当然地必须具备“经济人”的行为特性，但倘若只停留于此，则仍无以成为社会主义市场经济健全的市场主体。

我们虽然没有足够的理由将经济人的行为本身赞誉为一种美德，但“经济人”必须遵守国家法规和相互竞争的规则，确实已多少含有了一些社会道德的因子。这就为社会对“经济人”做价值的判断和道德的提升，提供了内在根据。此外，“经济人”的假设还远未勾勒出人性的全部本质，并不是一个“完整的人”。市场主体本质上是社会主体，是一种活生生的社会人。

作为“社会人”和社会活动，市场主体必然要关涉社会道德，承担社会责任。然而，正是市场主体的“社会人”和社会行为的“角色”，有可能把“经济人”从经济利益的必然性“黑洞”中引导到“道德人”的阳光丽日中来。

因为，作为“社会人”的市场主体，单一的经济实利并不能满足其全部需求，它还需要解决人生的终极意义、恒久的价值关怀和道德上的安身立命之本。这样，对“经济人”的道德提升不仅是可能的，而且也是市场主体的客观要求。

还有，由于社会主义市场经济受制于社会主义基本制度，特别是以公有制经济和按劳分配为主体的基本经济制度，因而占主导地位的市场主体，只能是集体和国家，不是个体的人。而“公有化”的市场主体，不但要求获得其自身利益，还要创造集体的、国家的利益，承担社会的责任。

这是社会主义市场经济活动中市场主体超越“经济人”，而更多地含有“道德人”意蕴的经济基础。社会主义市场经济要求两者的统一，就需要造就千百万有社会责任感、道德义务感的

“经济人”。

为此，不但需要社会制度提供保证，而且还必须通过各种途径和方式来造就这样的市场主体。

社会要矢志不渝地培养全面发展的“四有”新人，为市场经济发展源源不断地输送高素质的主体。

（二）“自利心”的道德润泽

市场主体的“经济人”特性，说明了一个简单而又深刻的事实，即对自身利益追求是人们从事活动的最深层的策动力。这就是所谓市场主体的“自利心”。

的确，市场经济会导致人们价值取向上的趋利性和自利性。虽然趋利性和自利性的价值取向，不能等同于拜金主义和极端个人主义，市场活动的自利行为与社会行为的利己主义亦不可同日而语，但它们之间并没有不可逾越的鸿沟。在我国市场经济的初始阶段，市场主体的“自利心”更易导致某些人的唯利是图、个人至上、崇拜金钱和本位主义等消极现象，倘若缺乏法律制约和道德规范这两股平衡力量，市场主体的“自利心”的经济冲动，则会滋生个人利己主义，使物欲功利主义泛滥成灾，加害社会。

话说回来，市场主体的“自利心”离极端个人利己主义这个“黑色陷阱”，毕竟有着一定的路途，因为，市场主体是一种经济理性人，面对各种经济现象和经济利益，它通常不会心血来潮，任性行事，而总是经过理性权衡才会做出经济决策。市场主体的理性权衡，本质上虽是一种经济行为，但因直接关涉自身利益与对方利益乃至社会利益的各种判断，它也就不能没有价值判断和道德评价。受理性权衡和道德理性牵引，市场主体的交易活动通常都是在双方自由意志的前提下展开，并总是以互利之结果而告终的。虽然“互利”还谈不上有多少道德高尚性，但确已背着利己主义而去，比“自利”已有了更多的道德基础，包含了更多的道德价值。

社会主义价值观承认市场经济活动中的“自利”和“互利”，同时又提倡“利人”、“利他”、“利民”和“利国”。

因此，要通过法规、政策、舆论和道德等各种手段，从市场主体的“互利”中导引出合作互惠，“我为人人，人人为我”的道德精神，提倡“得诸社会，还诸社会”，“利义并重，以义统利”，“先富帮后富，共同富裕”的价值取向，使社会主义市场经济的活动主体富有更自觉的“利公”意识和品格。

（三）市场规则的道德内化

市场经济海洋中的“经济人”及其“自利心”，确有掉入个人利己主义而作恶的倾向，在经济冲动和私利物欲面前，道德并非战无不胜的武器。因此，社会不但需要道德秩序，还必须同时借助于强制的外在力量，创设市场经济运作的规则，订立制度，建立法规。

这就是说，市场经济自身的运作逻辑必然要孕育出相应的制度规则，为市场主体划定活动路线和空间界限，从而降低市场交易费用，保证市场有效运作。同道德规范的崇高性和神圣性相比，市场规则带有功利性和工具性。然而，市场规则也可以逐步内化为市场主体的“道德性规范”，这是由市场规则的基本功能所决定的：市场主体违抗市场规则必将受到法律的强力制裁，也必将受到市场运作本身的经济制裁，还将受到社会舆论的道德制裁（因为公众从来就认同法规是最低限度的“道德秩序”），这种制裁实际上是一种校正力量，促使市场主体接受、认同和履行市场规则，并逐渐消融市场规则的外在钳制性，而逐步转化为行为主体的某种内在要求，进而开启“道德良知”之门，领悟到市场规则的合法性和合理性，最终内化为“应当”遵守的一种规范。

至此，市场规则转化为市场主体的道德规范不仅是可能的，而且已是现实的了。因为，这时候的市场规则既是市场主体的求利工具，又是市场主体超越功利而作为一种良知、义务和责任来履行了。当然，市场规则需要经过长期的实践熏陶，才能内化为市场主体的道德规范。

如此看来，在发展社会主义市场经济过程中加强社会主义价值观和道德观建设，不但不违背市场“经济人”的义理和特点，而且是市场经济有序健康发展所必需的。社会主义市场经济完全可以超越“经济人”和“道德人”这个“二律背反”，从而塑造出一批批兼具“道德人”和“经济人”风范的市场主体。这是当代中国社会主义价值观和道德观建设的又一个基本任务。

三 谈谈我们社会的价值导向[①]

价值导向是社会价值观的核心，它对人们的价值取舍和价值行为起调控作用。一个社会的价值导向直接体现着该社会的性质。

在我国发展社会主义市场经济和利益主体多元化的新的历史条件下，人们的价值取向和价值理想正日趋多样化，这是必然的。但作为全社会的价值导向则必须是统一的。否则，我们社会的整体价值利益就难以保证，社会价值观的统摄整合力就将削弱，乃至使社会丧失整体的动力和明确的发展方向。毫无疑问，爱国主义、集体主义和社会主义，是有中国特色的社会主义最基本的价值导向，必须矢志不渝地加以坚持和强化。

具体一点讲，在发展社会主义市场经济条件下，我们特别要把握好以下几个问题：

第一，个人与社会的统一。有中国特色的社会主义价值观建设，必须以个人、集体、国家三者利益的统筹兼顾为主要价值取向，最大限度地调动和发挥每个社会成员的主动性和创造性。国

---

① 原标题为“简论社会主义的价值导向”，载《光明日报》1995年7月6日。

家、集体应充分重视、尊重和关心正当的个人利益，为个人发展才能创造条件。但是，当个人利益同社会利益发生矛盾时，我们又必须提倡社会主义的集体主义原则，坚持人民利益、国家利益和社会利益至上的价值导向，而不能以个人主义、利己主义为本位；提倡个人利益服从国家和集体利益；提倡局部利益、暂时利益服从全局利益和长远利益。

第二，义与利的统一。有中国特色的社会主义价值观在义利取向上，应当坚持义和利的统一。利者，既指个人私利，又指实实在在的物质利益。义者，既指社会、天下之大利，又指社会之大德，天下之公理。如果只讲义，不讲利，社会就不能发展，义也成为一句空话。反之，光讲利，不讲义，利己主义泛滥，物欲横流，社会也不可能发展和进步。因此，要把义和利结合起来，把物质文明和精神文明结合起来，把经济发展和社会进步结合起来。当义和利发生矛盾时，则应当提倡以义统利的价值导向。所谓以义统利，就是要导之以利，齐之以德，利己而不损人，见利而不忘义，追利而不缺德；就是要合法正当谋利、取利、赢利，而不是唯利是图；以社会大德大利为重，反对假公济私、损公利己；营造积极健康的精神文化和社会伦理氛围，反对把商品等价交换原则扩展到整个社会领域，使一切都商品化、市场化、功利化。在发展社会主义市场经济条件下，仍然要坚持义利并重、义利互济的价值取向和以义统利、大义为先、见利思义的价值导向。

第三，效率与公平的统一。效率与公平之间如何找到一种合理有效的平衡，是人类社会面临的一个共同课题。公平有余，搞绝对平均主义，则社会活力不足，效率不高；而效率压倒一切，损害社会公平，社会又无法协调发展，甚至会引发动荡。理想的价值取向，是实现效率原则和公平原则的动态结合。但社会关系和矛盾相互牵制，错综复杂，效率与公平常常难以两者兼顾兼得，因而在经济快速发展时，在社会主义初级阶段和发展社会主义市场经济过程中，我们必须时时注意处理好效率与公平的关系，坚持效率优先、兼顾公平，促进经济和社会更快、更有效地发展。

第四，创业与享受的统一。如何处理创业与享受的关系，是人生价值观的基本问题。从根本上讲，建设有中国特色社会主义事业，实现社会主义现代化，发展社会主义市场经济，最终都是为了提高人民的生活水平，使我国人民过上丰富优裕的物质生活和充实多彩的精神生活。通过正当的劳动创造，取得正当收入，合法致富，实现劳动与生活、创业与享受相统一，这无疑是一种积极向上的人生价值取向。但是以享乐为人生最高价值，不讲创造、奉献而只讲索取，追求奢侈挥霍，贪图安闲享受，为富不仁、不义，甚至恣情纵欲，追求肉体的感官刺激，这种享乐主义价值观则是必须反对的。在人生价值导向上，应当旗帜鲜明地倡导艰苦创业和奉献精神，提倡邓小平同志一再强调的艰苦奋斗精神和江泽民同志指出的新时期创业精神，使我们的民族充满奋发向上、开拓进取、乐于奉献的风貌，不断开创新的事业，走向新的胜利。

建设有中国特色的社会主义，既要求我们理直气壮地倡导爱国主义、集体主义、社会主义和艰苦创业、无私奉献的价值导向，又必须旗帜鲜明地反对拜金主义、利己主义和享乐主义的价值观念。毋庸讳言，随着改革开放和社会主义市场经济的发展，一些人的理想信念、价值观和人生观发生了扭曲，拜金主义、个人利己主义、享乐主义等价值取向在有些地方和有些人那里颇有市场。有些人甚至认为，发展社会主义市场经济就必然要“一切向钱看”“一切为自己着想”。这说明搞清楚发展社会主义市场经济与倡导有中国特色的社会主义的价值观的关系，是很有必要的。

第一，必须明确，在发展社会主义市场经济条件下，人们的效益观念、利益观念和金钱观念的增强，并非必然导致拜金主义、个人利己主义、享乐主义。不错，社会主义市场经济尊重经济主体的独立权益，遵循价值规律和市场竞争原则，激励人们以最小的投入去获得最大的产出。但是，社会主义市场经济条件下，人们利益、效益和金钱的获取，必须通过正当的方式来实现；市场经济领域的利益、效用、等价和竞争原则，其适用范围是有一定限度的。保护和激励人们合法正当地获得更多的经济利益，创造更好的经济效益和更多的物质财富，确是社会主义市场经济发展的必然要求和重要目标，但社会主义市场经济还要体现社会主义的价值理想，唯有如此，才能体现我们社会制度的优越性。

第二，拜金主义、个人利己主义和享乐主义不是社会主义市场经济的必然产物，而恰恰是社会主义市场经济的“异己力量”。这种价值取向崇物损人，视金钱为“真善美”，把极端个人利益和吃喝玩乐看作人生最高目标，因而具有极大的破坏性。它冲击机会均等的市场原则，扭曲市场机制，制造社会不公正，破坏法制，败坏社会风气，造成社会财富和资源的巨大浪费。如果听任它们泛滥，人类社会一切积极的价值理想将会沦丧，正常的社会秩序将会破坏。

第三，提倡和弘扬奉献精神不但没有同市场经济的规律相背离，而且是市场经济顺利发展的重要条件。建立社会主义市场经济体制是一场伟大的社会变革，不能不涉及利益关系的广泛调整，如果没有无私无畏的献身精神，要调动广大党员和人民群众积极投身于这场变革实践，是难以想象的。我国的市场经济体制才刚刚开始建立，既缺乏实践经验，又缺乏成熟的规范和法则，如果没有奉献精神，人人只是索取而不贡献，只为个人捞实惠而不讲社会责任，甚至损人利己、尔虞我诈、挥霍浪费、奢侈成风，那么，建立社会主义市场经济这一伟业就可能被葬送在襁褓之中。

四 市场经济条件下价值观的变革与建设[1]

经过十几年的改革开放，社会主义市场经济体制逐步得以确立完善，这使我国社会开始真正步入了从传统社会向现代社会的全面转型时期，人们的经济生活、文化生活和整个社会生活正经历着空前的变化。

这种变化是广泛而深刻的，并不可避免地触及了社会发展中最深层的价值观问题。当前，我国社会原有的价值观念和价值标准正受到剧烈冲击而发生深刻的变革；西方价值观纷纷飘飘而来，却尚未能批判消化；符合社会主义发展方向和现时代发展需要的新的价值观，尚未引起人们足够的重视和完全培育起来。

在发展社会主义市场经济条件下，塑造什么样的价值观以及怎样建设积极向上的价值观体系，是迫切需要在理论和实践上做出回答的一个重大课题。

（一）价值观念的新变化

任何社会的经济活动和体制运行方式，背后总不可避免地隐藏着某种价值观和价值取向。

人们的任何思想和行为方式，背后也同样存在着一定的价值观和价值取向。社会和人们的价值观主要是由一定的经济基础和历史文化决定的，但它一旦形成并转化为人们自觉的意识，反过来又将能动地影响社会经济活动和人们的全部生活，对社会的发展产生巨大的作用。

改革开放和发展社会主义市场经济，将中国历史推进到了一个崭新的阶段。急速剧变、纷纭繁杂的现实生活，日趋自主的个性发

---

① 原载《浙江社会科学》1994 年第 2 期，广西人民出版社 1994 年版《世纪之交的中国文化》一书转载。

展，纵横交错的利益关系和人际关系，等等，都带来了人们是非、利弊、得失、善恶等价值观念的种种变化。许多原来人们认为神圣无比、正常合理的观点，现在却变成了过时的、不合时宜的看法；原来被认为天经地义、习以为常的主张，现在却变成了荒谬的、可笑的观念，原来人们认为不正当、不合理、不光彩的事情，现在却变为正当、合理和光彩的事情。一些人认为应该弘扬和倡导的事情，另一部分人可能认为是应该鞭挞和抛弃的东西。

当代中国社会价值观念的深刻变化，有其历史的合理性和现实的客观根据。正确而自觉地引导这场变革，不但是必需的，而且日益显得迫切起来。

那么，当代中国人和中国社会价值观主要发生了哪些变化？这种变化的基本内容和值得注意的主要倾向是什么呢？

第一，重经济而轻政治。在走过数十年艰难曲折的历史后，我们获得了宝贵的经验和教训，不仅摆脱了长期困于政治斗争的恶性循环，而且在拨乱反正的过程中确立了“以经济建设为中心”“发展是硬道理”的基本社会价值坐标，并借改革开放和发展市场经济的推动力，实现了空前的经济腾飞。确立和强化发展经济的价值取向，这是历史性的进步。但有相当一部分人却由此而忽视了国家和社会的政治生活，由反对空谈政治而走到拒斥一切政治活动的地步。

第二，重物质而轻精神。物质生产和物质文明建设是社会发展和人们社会生活的基础。过去我们曾一度忽视物质文明建设，夸大精神的作用。现在却有一些人走向另一个极端，忽视社会主义精神文明建设，轻视精神文化的社会导向和鼓舞作用。

第三，重利而轻义。历史传统形成的重道义轻利益，重道德轻实利，重理想轻实际，重思想轻行动，甚至视金钱、实惠为“鄙俗”、视物质利益为“不义”，片面倡导“君子喻于义，小人喻于利”，“存天理，去人欲”的重义轻利的价值观，受到了现实生活和市场经济实践的强烈冲击而逐渐丧失其存在的合理性。然而，在实利观念、实效观念、实惠观念和金钱观念大大强化的过程中，有些人的价值观正向轻视理想、道德、仁义的歧路上倾斜，进而导致产生了诸多唯利是图，见利忘义，逐利丢德，利大大干，利小小干，无利不干，甚至为了金钱而不惜出卖人格和国格的丑恶现象。

第四，重个体而轻整体。重视整体利益和以社会为本位，是中国传统价值观和计划经济体制下倡导的价值观的基本特性。这无疑具有恒久的历史价值。但由此而轻视个体的价值，甚至扼杀人的个性发展，则是传统价值观的严重弊端。随着改革开放，计划体制的打破，人们思想观念的更新，市场经济发展的驱动，以及西方以个人为中心的价值观的影响，人们自我意识日益觉醒，单位和个人自我本位意识得到高扬，人的个性不断得到丰富和发展，个人利益得到尊重并日趋强化，个人的价值和能力得到了更多的展现，个人的积极性和创造性得到了更多的发挥，这都有重要的积极意义。但有些人由此而忽视他人的、集体的和国家的整体利益，淡化宏观意识和整体价值观念，甚至出现了主张以个人为中心的价值观，宣扬以个体为本位的错误观点，使个人主义、利己主义现象一度蔓延。

此外，还有重局部利益而轻全局利益，重眼前利益而轻长远利益，重权利而轻义务，重目的而轻手段，重索取而轻贡献，重自由而轻纪律，重民主而轻法制等，都从不同侧面反映了当代中国人价值观变化的广泛性、深刻性，以及这种变化的片面性和不成熟性。

（二）发展市场经济与价值观的变革

第一，发展市场经济为变革旧的价值观提供了现实基础。

社会物质的经济生活和经济体制的变革，对整个社会结构的改变和发展始终具有基础性的主导作用，这是马克思主义的基本观点。社会主义市场经济的发展，必然要引起社会结构和人们思想观念、价值观念的重大变革。

长期以来，由于我国社会商品经济发育程度低，又一度实行高度集中的计划经济体制，加之受以儒家思想为主导的主张重义轻利和重整体轻个体的传统价值观的影响，使我国改革开放前的社会价值观具有明显的局限性。

例如，传统价值观要求社会成员价值观的统一性，不提倡或抑制人们价值观的差异性和个体性。又如，传统价值观强调和突出价值观的不变性、稳定性，因而缺乏鲜明的时代性和实践性。再比如，传统价值观具有明显的片面性和缺乏层次性，在强调社会整体价值时忽视个体价值，强调“义”时忽视“利”，强调“平等”时忽视“竞争”，等等。

当然，传统价值观在中华民族文明发展史上起过巨大作用，对维护社会整体利益，提高民族凝聚力，促进社会稳定和祖国统一，都有永久的进步意义。传统价值观的精华和合理性，必须发扬光大。但随着社会主义市场经济的发展，传统价值观的缺陷和消极效应则需要在时代发展的进程中加以变革和更新。

第二，发展市场经济为塑造新的价值观提供了强大动力。

培育符合社会发展规律和具有时代特征的新的价值观，既需要社会的教育和舆论的引导，更需要有得以“安营扎寨”“生根开花”的肥沃土壤。社会主义市场经济的发展，为塑造当代中国人崭新的价值观，提供了广阔的新天地。

在市场经济和改革开放的催动下，人们的主体价值意识萌发，平等和民主观念大大加强；不尚空谈、讲求实效的价值准则，正在逐步取代空谈政治、不看效果的价值准则；义利并重的价值取向，正在逐步取代重义轻利和重利轻义的价值取向，主体人的自主性增强、人的价值和地位受到肯定，人的潜能得到空前调动，官本位意识和依附意识逐步淡化，保守安逸、清贫乐道观念受到冲击，竞争进取、开拓有为意识逐步树立起来。

现在，物质与精神、理想与实惠、权力与金钱、实利与德性、公平与效率、个人与社会、民主与规范、人治与法制、市侩与人情等价值观念，正处于激烈的嬗变之中，社会价值观念呈现出色彩纷繁的过渡性态势。但它们随着社会主义市场经济的发展和时代的进步，终将会找到自己本应该有的“家园”，发挥自己能够发挥的作用。

第三，发展市场经济对人们价值观带来的某些消极影响。

实践表明，发展市场经济对人们价值观念的冲击，既有积极的一面，又有消极的一面。尽管其积极的作用是主要的，但我们也不可忽视其负面效应。

例如，市场经济能直接促使人们重视经济利益，却难以直接保证人们也重视那些与市场经济没有必然联系的精神文化、理想信念的价值，市场经济能直接促使人们重视实利、实惠的价值，却难以直接保证人们也重视市场经济之外的社会道德、人情、仁义的价值；市场经济能直接促使人们重视个人价值，个性发展，却难以直接保证人们也重视社会整体价值；市场经济能直接促使人们重视竞争和重视效率，却难以直接保证人们同时兼顾市场经济领域之外的社会公平；市场经济容易导致主体的本位意识、社会主体的分层化以及人们价值观念的多元化，这对强化人们的自主意识、竞争观念，增加社会的活力和创造力，具有积极的作用，但也往往由此而冲击社会的主导价值观，淡化全局观念、义务观念和社会责任感，会削弱民族凝聚力，导致社会规范和社会心理失衡。

这说明，市场经济对社会价值观念积极作用的范围是有限度的，市场经济的固有属性和价值功能，并不能解决社会的所有矛盾，也不能解决人们价值观的全部问题。社会的价值体系和人们的价值观的形成、塑造和变革，是社会各种因素相互作用的结果。在市场经济本身范围内合理的东西，一旦进入社会其他领域，往往会导致一些消极的效应。

总之，市场经济对人们价值观的积极作用，将为培育相应的新价值观提供坚实的基础；而对人们价值观可能带来的消极作用，则从另一方面为推动整个社会新价值体系的形成开辟新道路。

第四，市场经济的本位价值。

就市场经济发展的社会价值功能讲，它已经引起并将进一步引起社会价值观念的深刻变化。但是，发展社会主义市场经济本身就具有重大的社会价值，这就是市场经济对当代中国社会发展的价值合理性问题。

实践证明，商品经济、市场经济的充分发展，是社会主义社会历史进程中不可超越的阶段。显然，发展社会主义市场经济存在着不以人的主观意志为转移的客观必然性。另外，发展社会主义市场经济还有着内在的价值合理性基础。这就是发展经济在当代中国社会的首位价值，经济体制的现代化取向价值，特别是有利于振兴社会主义事业，有利于发展社会生产力，有利于提高人民的物质文化生活水平，有利于增强综合国力的价值等。

这些价值目标是我们发展社会主义市场经济的根本目的，也是当代中国社会最基本、最主要的价值目标之所在。我们应该从这一价值目标的高度，来审视发展社会主义市场经济的客观必然性和重大的社会意义，不能把发展社会主义市场经济的本位价值排斥在社会价值观之外，或者只看到它对社会价值观带来影响，而看不到它本身就构成了当代中国社会价值的最基本的内容之一。

（三）市场经济条件下的价值观建设

在人类社会生活中，任何人都有自己的价值观，并以此去判断事物和规范自己的行为。同样，任何一种社会形态也有相应的价值观，并以此去号召人民和团结人民，规范社会秩序，保证社会稳定，推动社会发展。我们要发展社会主义市场经济，建设有中国特色社会主义，就必须自觉地加强相应的价值观的建设。没有社会主义市场经济的价值观，就不可能有社会主义市场经济的健康发展；

不形成有中国特色社会主义的价值观，就不可能顺利地推进有中国特色的社会主义事业。

第一，市场经济条件下加强价值观建设的必要性。

培育和倡导积极健康的价值观，对我国社会主义精神文明建设和整个有中国特色社会主义事业，具有十分重大的意义，我们任何时候都不能忽视社会价值观的建设，特别是在加快改革开放和发展社会主义市场经济的新形势下，加强价值观建设，塑造有中国特色社会主义的完整价值观体系，显得尤为迫切和必要。这是因为：

首先，改革开放和建立市场经济体制是一场社会结构性的深刻变革，这种变革不只是社会运行方式和机制的根本性转变，同时必然要伴随思想观念和价值观念的时代性更新。现在，我国建立社会主义市场经济体制正处于起步和探索时期，改革开放正步入一个更加艰难的新的发展阶段，客观上日益迫切需要形成一种具有积极导向作用的新的价值观。

其次，改革开放和发展社会主义市场经济实践，不只是一种纯体制、纯经济的客观活动，它们本身就体现着对旧的价值观的某种否定，内在地包含着一种新的价值观。

最后，社会主义市场经济不但具有直接的本位价值，而且还有广泛而深刻的社会功能价值，即要对整个社会价值观念直接或间接带来影响。

因此，无论从社会主义市场经济发展的需要，还是从社会协调发展和全面进步的需要来讲，加强社会价值观建设，是我们面临的一项迫切而重大的任务。

第二，正确看待社会变革时期价值观的落差性。

我国以社会主义市场经济为主导的社会结构性转型，已经并将进一步引起人们价值观念和思维方式的重大变革。原有的传统价值观受到了市场经济大潮的全面冲洗，现实生活培育出的新的价值观，其具体内容远远超出了原有的价值观念系统，不仅具有鲜明的时代性和挑战性，而且具有明显的不成熟性和落差性。

怎样评价原有的传统价值观和新生的价值观？新旧价值观是否有承继性而可以衔接？它们同社会主义市场经济是什么样的关系？市场经济这块大地上破土而出的价值观如何同社会主义价值理想目标保持和谐统一？这些都是目前人们最为关心也最有歧见的难题。

显然，要加强社会主义市场经济条件下的价值观建设，正确认识和把握我国当前社会结构转折时期价值观演进的特点，是一个重要的前提问题。

目前，代表性的观点主要有三种。

第一种观点认为，市场经济是一种实利经济或说“唯金”经济，它必然带来人们价值观念的紊乱和退化，甚至造成社会主体价值理想和信念的危机，以及“拜金主义”“个人利己主义”等价值观念盛行。持这种观点的人大有“世风日下，人心不古”的怀旧伤感。

第二种观点则认为，社会主义市场经济是全新的经济体制，是一种利义兼得、人我互利的经济，它不但要求全新的价值观，而且我国现阶段只能通行市场经济的价值观，必须改变或放弃比它更多更高的价值理想和价值信念。

第三种观点则认为，我国市场经济体制尚未完全建立，市场经济的发展才刚刚起步，新旧价值观的变革需要有一个历史过程，哪些价值取向是积极的、合理的，一时还难有定论，不妨顺其自然，任其演变。

我认为，上述三种观点均有失偏颇。在我国社会转型和价值观的变革时期，消极悲观的情调、盲目乐观的想法和自然无为的态度，从思想方法上讲，都是片面的、不可取的。要全面地理解这场价值观变革的实质，以及在变革过程中要正确加强价值观的建设，必须用历史唯物主义的方法论去分析和把握问题。

首先，要坚持生产力标准的原则，生产力的发展是包括价值观在内的整个社会进步的基础。以经济建设为中心是我们党在社会主义初级阶段必须坚持的基本路线的核心内容：社会主义的主要本质和根本任务，就在于不断地解放和发展生产力。因此，对新旧价值观的评判，必须破除传统的以“阶级斗争为纲”或以抽象的“姓社姓资”为判断标准的思维模式，首先要用是否有利于社会生产力发展，是否有利于增强综合国力，是否有利于人民生活水平的提高，是否有利于社会进步为基本的判断标准。

其次，必须用历史发展的眼光看待价值观的变化。发展社会主义市场经济实践是一场前所未有的创造性实践。这就决定了市场经济既有对传统的价值观的冲击和否定，又必然要呼唤着新的价值观念，并实际地培育着新的价值观。同时，市场经济对传统价值观的冲击和新的价值观的孕育，都不可避免地存在着某种尝试性。因此，我们既不能用新的价值观去完全否定传统价值观，更不能因新的价值观与旧有的价值框架不相吻合便予以简单的否定，而必须用实践的观点、发展的观点去看待新旧价值观的变革和各种新生的价值观念，让它们在实践发展过程中接受检验。当然，用发展的眼光把握价值观的演变，还应该包括积极的引导和建设。市场经济活动中出现的一些消极落后的价值观念，例如拜金主义、利己主义的价值观念，是早已被人类历史实践所否定了的腐朽的价值观，我们必须旗帜鲜明地予以否定和批判。

最后，必须坚持全面的辩证观点。社会在结构转变过程中，人们的价值观念难免会发生碰撞，各种各样的价值观也必然会纷纷“登台亮相”，先进的与落后的、积极的与消极的、健康的与腐朽的价值观念，都试图为自己的存在寻找辩护的现实根据，尤其在这种变革的初期，更有可能会出现比较明显的价值观念的紊乱乃至表面上的“退化”和“恶化”。市场经济活动中孕育的价值观念，并不都是积极的、健康的、先进的，而市场经济固有的一些特性和市场经济固有的价值观，也会产生一些消极的效应。这就需要我们坚持全面的观点，把握价值观变革的实质，分清变革过程中价值观的主流和支流。既不能因为价值观的主流是积极的，而忽视存在的消极问题，更不能一看到变革过程中出现某些消极现象就惊慌失措，因噎废食，使当代中国的价值变革和发展市场经济的大业半途而废。

第三，加强市场经济价值观的建设。

所谓市场经济的价值观，是指市场经济的自身本位价值和社会功能价值。那么，市场经济的本位价值观和功能价值观的主要内容和特点有哪些呢?

下面，我们试作简要的概述。

首先，对实效性价值的最大限度的追求。发展社会主义市场经济的必然性和合理性的基本根据，在于它作为一种经济体制和经济方式，对社会生产力和经济发展的有效性。市场经济讲究社会资源的最佳有效的配置，奉行经济主体在市场上的有效竞争，追求生产的最大市场效应和市场价值，以最小的投入获取最大的实际收益。因此，效益、效率观念是市场经济最基本和最直接的价值取向。市场经济领域的这种实效价值在社会价值观念上的反映，就是追求功利、实惠、效用（应用）的价值取向。

其次，利益导向处于调控经济行为的支配地位。市场经济说到底是一种利益经济，它以体制的、市场的利益关系为杠杆调控经济主体的行为。因为，市场经济的活力和高效率，是以经济利润作为生产和投资决策以及全部经济活动的主导力量而造就出来的。尽管调控经济主体行为的机制和方式是复杂多样的，但经济利益导向显然居于支配地位。否则，就不是真正意义上的市场经济。缺了利益导向或利益导向机制不健全，市场经济也就无从发展。市场经济活动中利益导向的支配性，反映在社会价值观上就是人们对实际利益、物质利益的极大关注和热切的追求。

再次，以主体本位为主的互利价值取向。在市场经济活动中，人们的经济关系和经济行为必须遵循等价交换原则。因为经济行为主体的利益和目的，必须通过市场和价格来实现，任何商品交换和权利的转移，在形式上都不能出于交换各方的非自愿和被迫所为。谁要想在市场上为自身谋取利益，谁就不得不设法满足他人的需要，不得不有所投入和创造自己的商品，不得不承认对方同自己是平等的和拥有获利的同等权利。因此，市场经济并非必然地以自私自利、损人利己的极端利己主义为其思想、伦理和价值观基础，而是以经济行为的等价性、平等性和互利性为其前提的。社会主义市场经济就更是如此。但是，市场经济活动中的等价、平等和互利的价值取向，并不是一种自觉的、彻底的自利与利他相统一的价值观。因为，市场经济活动中的主体客观上必须承认对方的权利和利益，必须先投入和支出，但所有这些都只是一种手段和形式。因此，市场经济的互利价值取向实质上是以主体本位为主的。

最后，自主的价值取向。市场经济也可以说是一种经济行为主体的自主经济和利益的主体性经济。经济关系、经济决策、经济利益和经济活动中责、权、利的主体化及其主体行为的自主化，是市场经济得以形成和运作的基本前提。而且，市场经济的实施还必然要产生经济利益主体的竞争和分化，使利益进一步分层和多元。这样，经济主体的价值追求就具有强烈的主体性、自主性和多元性。这是市场经济客观运作的结果，也是它充满活力和创造性的价值之源；同时，也是市场经济需要社会秩序和规范的主要原因之所在。

当然，具体分析，还有更多的价值取向和价值特点。例如开放、竞争、自由的价值观念等。毫无疑问，市场经济的价值观是市场经济运作的价值基础，是市场经济活动必须普遍遵循的价值原则，也是市场经济实践必然要呼唤和造就的价值观念。我国目前还没有形成系统的社会主义市场经济价值观，这一方面说明我国市场经济的发展尚处于初始阶段，另一方面也说明必须更自觉地加强市场经济价值观的建设。建立和健全社会主义市场经济价值观，无疑是我国当前整个社会价值建设的基本任务之一。

第四，努力建设有中国特色社会主义的价值观。

价值观念作为一个社会存在和发展的重要条件，它有着广泛的内容。从一定意义上说，社会上存在的任何一种现象和人们做出的任何一种行为，背后都隐藏着相应的价值观念。我们要全面推进社会的进步和发展，就必须全面地加强社会价值观体系的建设。

有中国特色的社会主义价值观是一个相当复杂和多层次的系统。从社会结构方面来分析，它在经济、政治、精神文化等社会生活各个领域，都应该有相应的价值目标和价值规范。从社会主体分层方面讲，不同阶层、不同集团和不同职业的人，除了社会成员共同的价值观之外，他们都有各自不同的价值标准和价值要求。从形成中国特色社会主义价值观的源泉来讲，它既要继承和发扬中华民族优秀的传统价值观念，又要批判地吸收世界各国积极健康的价值观念，同时更需要在建设有中国特色的社会主义的时代实践中，创造出许多新的价值观念。

我们认为，当前要着重从三个方面来建设有中国特色的社会主义的价值观。一是社会主义市场经济价值观建设。二是整个社会生活中普遍起控制和规范作用的现实价值观建设。三是作为社会发展方向和社会要倡导的、指向未来的理想价值建设。市场经济价值、社会生活现实价值和理想价值观，是互为补充的有机整体，它们共同构成有中国特色的社会主义价值观体系的基本内容。

五　价值观念变革是社会最深层面的变革

任何重大的社会变革及其新体制的确立，都离不开相应的社会价值观的支持。由计划经济向社会主义市场经济新体制转型，是一场极富创造魅力、波澜壮阔的伟大变革，它对我国经济、政治和文化生活各个领域正产生着空前深远的影响，其中处于社会结构最深层次的人们的价值观念，也发生了引人注目的变化。更加自觉地推进当代中国社会价值观念的变革，努力实现社会主义市场经济与社会主义价值目标的现实统一，大力培育有中国特色的社会主义价值观，已成为我国当前社会主义现代化建设，特别是社会主义精神文明建设中的一项十分重大的任务。

随着改革开放和社会主义市场经济的不断深入发展，社会价值观念和伦理道德问题正受到国人的热切关注。在当代中国，明智而坚定地选择新时代发展需要的价值取向，鲜明而执着地确立同发展社会主义市场经济和建设有中国特色社会主义相统一的价值观体系，其重要意义已日益为党和人民所认识，并努力而实践之。这是必然而自然的。这是因为：

（一）人们总是为追求一定的价值目的而行动

社会不会为建立某种体制而建立体制，人们也不会为某种活动而进行活动，而总是为了追求和实现一定的价值目的。任何一种社会体制和人们的活动背后，都不可避免地内含着相应的价值目标。这是由社会历史发展和人的实践活动的主体目的性特点所决定的。与自然事物运动的客观自在性不同，人类历史的社会活动不但诉诸客观的必然性，而且还诉诸价值的合理性。这就是社会事物存在和发展的合规律性和目的性的统一问题。价值，是作为客体的事物对于主体人的某种功效、作用和意义。价值观，就是人们评价事物之功效、作用和意义的基本观点、基本标准和基本态度。价值观之于社会和国家来说，是社会制度和社会秩序合法性的主要依据，是国家意识形态和精神文化建设的核心内容，是主导社会理想、信念、精神、风气的内在灵魂。一般来说，价值观同政治权威和物质利益一起，共同构成了社会制度、社会秩序存在和运行的三种互为依存的基本力量。

（二）社会秩序必须建立在价值合理性上才能行稳致远

作为社会秩序的社会制度和社会体制，只有当它在广大公民意识深处奠定了价值合理性之基础时，才可能有长期的、稳固的、持久的发展动力。事实上，社会秩序首先应该是一种价值规范秩序和伦理道德秩序。这不但因为社会秩序是人们价值观念上达成某种共识的结果，更主要的还在于，任何社会秩序本身就是由外化的操作规则和内化的价值规则两部分组成的。操作规则是价值规则的对象化。价值规则是操作规则合理性之内在根据，以及对这种合理性的论证和说明，从而为现实制度确立起合法的和道义的基础。

这种论证和说明，通常是由国家意识形态来实现的。国家意识形态的主要功能，就是通过创造必要的精神文化条件和道德、舆论环境，把社会制度中的价值规则和价值目标加以系统化、具体化和日常化，进而转化成为社会公众的基本共识和追求的理想，遂使社会的集体目标和集体行动成为可能，以此动员和整合社会力量，维持社会秩序稳定，促进社会发展。如此看来，价值观念在社会结构和社会发展中具有独特的重要地位和作用，这就决定了我们任何时候都必须高度重视社会价值观的建设。

（三）当代中国社会变革离不开相应的价值观变革支撑

以党的十一届三中全会为标志，当代中国进入了改革开放和社会主义现代化建设的新时期，特别是建立社会主义市场经济体制的明智决断，加速了当代中国由传统农业社会向现代化社会的历史性跃迁。这场时代性变革和结构性社会转型，首先是以经济活动的组织方式和经济体制的创新为基本内容的，但绝不仅限于经济生活之一域，而是围绕以社会主义市场经济体制来实现社会生产力之充分发展这一中心所展开的广泛深刻的社会变革，因而无论从经济体制变革还是从社会结构变革来说，都需要也必然要引发社会价值观念的整体性嬗变。这种变化主要包括两个方面：一是摇撼和荡涤与旧体制相依归的过时了的价值观念；二是培育和张扬与新体制共命运的、符合时代发展需要的价值观念。这就是当代中国社会价值观念的除旧布新。当然，这是体现继承和发展关系的革故鼎新。

社会体制变革不能没有价值观念变革的支持，否则是难以顺利启动的，其成果更是难以持久巩固的。从一定意义上说，旧的价值观念的变革是社会其他领域变革的先导，而新的价值观念的建立则是整个社会变革的结晶。现在，社会主义市场经济的健康发展和整个社会的全面进步，正迫切需要我们更积极地推进价值观念的变革，特别是建立起新时代的价值观体系。

如果说改革初期，我们主要是通过批评旧体制的缺陷，追求经济增长、生活水平提高等感性具体的物质利益，即可有效地动员、激发人们投身新社会变革活动的话，那么，在建立新的社会体制和社会秩序的今天，就不能满足或停留于物质利益的推动上，而必须同时建立起与新体制相一致的价值观念，以此动员人们参与新的社会组织和安排，并为新的社会结构和活动提供理性标准和价值规范。否则，新体制之生存和运作会因缺乏价值合理的辩护和规范制导而付出高昂费用，也会因社会成员缺乏价值认同而引发社会动荡，甚至使新体制的建设前功尽弃。

（四）当代中国价值观念的变革及其取得的进步

诚然，当代中国的价值观念变革和建设，已取得令人鼓舞的进步。

这种进步表现在社会生活的各个领域，择其要者，则主要有：社会主义、集体主义和爱国主义作为当代中国的主导价值观得到坚持、充实和完善；在拨乱反正中重新确立的解放思想、实事求是和改革开放、开拓创造精神，业已成为思想领域的基本价值导向；坚持以经济建设为中心，讲究效率，着力于解放和发展社会生产力，业已成为经济和社会生活领域的基本价值坐标；发展社会主义民主和法制，维持社会稳定，反腐倡廉，业已成为社会政治生活领域的基本价值取向；培养有理想、有道德、有纪律、有文化的新人，倡导丰富多彩、文明健康的生活方式，弘扬创业精神，促进社会全面进步，业已成为精神文化领域的基本价值目标；追求自主、自立、自信、自强、个性发展，关切合法的正当的个人利益，讲究平等、竞争、互利和创新，业已成为社会伦理生活的重要道德价值。

诸如此类的新变化和新进步，足以说明当今中国社会价值观念变革，其本质是符合时代发展潮流的，其主流是积极向上的。看不到这个基本点，游离于时代实践而泛论高变，抑或依恋旧习而处处责难，就会犯历史性的错误。

（五）当代中国令人焦忧的消极价值观念倾向

另外，我们也要实事求是地看到社会价值观念方面还存在着许多不尽如人意之处。现实生活并非鲜花遍地，处处阳光灿烂。

问题的严重性和紧迫性在于：我们还尚未高度自觉地把改革开放实践中价值观念变革及成果，予以理论的提升并加以系统化和具体化，进而有意识地建构起有中国特色的社会主义价值观体系；尤其令人焦忧的是，社会价值取向上出现了种种误区，产生了一些消极、落后甚至颓废的负面价值观念，其中最突出的是拜金主义、狭隘的个人利己主义和享乐主义有所抬头。

在一些人那里，的确存在着价值观念紊乱，理想信仰坍缩，伦理道德低下，一味追求物欲实利，只顾自行，只讲索取，社会正义感和责任感淡化，是非观、善恶观和荣辱观混淆，公德心缺乏，人际关系淡漠，个人行为失范，等等。倘若对此不加以遏制和引导，势必削弱人们对社会的认同感、向心力和凝聚力，甚至导致社会失序和矛盾冲突。

（六）以正祛邪才能确立起积极健康的价值导向

解决的根本出路，除抨击消极价值观念和丑恶现象外，主要的是建设和高扬积极健康的社会价值观念，以正祛邪。

在发展社会主义市场经济的条件下，社会结构和矛盾日趋复杂，温情脉脉的传统伦理型的人际关系正逐渐被冰冷的契约关系取代，现代生活的技术化、功利化和紧迫感，既带给人们空前丰裕的物质文化享受，也加深了人们对人生价值、生活理想、生命意义的内在感受，更加渴望精神的寄托、意义的理解和内心焦虑的释放。因此，人们对价值理想和精神支柱的期待，亦不断增高和强化。

由此看来，切实重视社会价值之变革和建设，对处于社会秩序和社会结构向现代化转型时期的当代中国来说，已越来越显得重要和紧迫了。

六　市场经济的运行机制和价值取向

正确认识发展社会主义市场经济与发展社会主义价值观的统一关系，并努力使两者在现实生活中内在地结合起来，无疑是当前我国社会价值观建设中不可回避的一个基本问题。

在这里，强调一下把握上述问题的正确方法论原则，恐怕不是多余的。

直面急速剧变的社会新生活，我们一方面不能简单地用原有既定的价值观念模式，更不能用过时了的旧的价值观念，去指点评判新事物，去规范裁剪市场经济新实践；另一方面也不能武断地排斥和否定社会主义价值目标的合理性，更不能照搬西方市场经济模式，鼓吹个人主义价值观。这两种方式都不是当代中国价值观建设的正确道路。它们割裂了发展社会主义市场经济与发展社会主义价值观念的内在统一关系。这是我们所要反对的。

恰当可取的做法是，从活生生的社会主义市场经济活动的规律和特点出发，从中揭示市场经济活动中内含着的积极向上的价值取向，从而既为发展社会主义价值观找到安营扎寨之场所，也为发展社会主义市场经济确立起价值的合理性，并提供伦理道德之辩护。

基于此，我们的思维触角有必要深入市场经济运行机制及其特点的根底处，以期揭明市场经济自身的价值取向，寻求到社会主义市场经济与社会主义价值建设圆融共生的内在契合点。

（一）市场经济运行机制及特点

市场经济是一种主要由市场配置社会资源的经济结构和模式。

在市场经济条件下，市场的基本功能和特性在于，市场上商品、劳务的需求与供给的变化，决定着它们的价格，使价格反映资源的稀缺性，进而引导资源由经济效益低、供给过剩的部门向经济效益高、供给不足的部门流动，从而达到资源的有效利用和节约，最后实现优化配置资源的目标。

市场之所以具备并能够发挥这样的调节功能，原因在于各个市场活动主体的公平竞争。因为市场活动中商品价格形成和变动的直接基础是竞争，而在市场竞争的过程中，那些成本低、质量好的商品或劳务，就会赢得更多的收益，取得更多的优势，获得更快的发展。否则，就获利少甚至亏本破产。可见资源优化配置的直接推动力来自市场竞争，而竞争的前提和推动力，在于市场活动主体是独立的经济利益主体。只有这样的活动主体才会形成有效的利益激励和约束机制，促使其不得不去竞争并主动积极地竞争。

市场竞争的实质是处于平等社会和法律地位的经济主体之间互为获取各自利益的斗争。这样，经济活动主体对自身利益的关切，就成了市场经济活动和经济人行为的深层动力源泉。

由此看来，价格机制、竞争机制和利益机制“三足鼎立”，共同支撑起市场经济运行的机理体系，形成了优化配置资源的调节功能。

（二）市场经济的基本价值取向

对市场经济做机制和调节功能的简要分析表明，作为社会经济活动和经济体制的市场经济，必然要孕育和生发出与之相对应的社会价值取向。概括之，这些基本价值取向有：

第一，对实效性价值的最大限度地追求。市场经济讲究社会资源的最佳有效的配置，奉行经济主体在市场上的有效竞争，追求生产的最大市场效应和市场价值，以最小的投入获取最大的实际收益。因此，效益、效率观念是市场经济最基本和最直接的价值取向。市场经济领域的这种实效价值在社会价值观念上的反映，就是对功利、实惠、效用的价值取向。

第二，利益指导处于调控经济行为的支配地位。市场经济说到底是一种利益经济，它以体制的、市场的利益关系为杠杆调控经济主体的行为。市场经济的活力和高效率，主要是由以经济利润作为生产和投资决策以及全部经济活动的驱策力而造就出来的。尽管调控经济主体行为的机制和方式是复杂多样的，但经济利益指导显然居于支配地位。否则，就不会有真正的市场经济。缺了利益导向或利益指导机制不健全，市场经济也就无从正常运行。市场经济活动中利益制导的支配性，反映在社会价值观上就是人们对实际利益、物质利益的极大关注和热切的追求。

第三，以主体本位为主的互利价值取向。在市场经济活动中，人们的经济关系和经济行为必须遵循等价交换原则，因为，经济行为主体的利益和目的，必须通过市场和价格来实现，任何商品交换和权利的转移，在形式上都不能出于交换各方的非自愿和被迫所为。谁要想在市场上为自身谋取利益，谁就不得不设法满足他人的需要，不得不有所投入，不得不承认对方同自己是平等的和拥有获利的同等权利。但是，市场经济活动中的等价、平等和互利的价值取向，并不是一种自觉的、彻底的自利与利他相统一的价值观。因为，市场经济活动中的主体客观上必须承认对方的权利和利益，必须先投入和支出，但所有这些都只是一种手段和形式。因此，市场经济的互利价值取向本质上是以主体本位为主的。

第四，自主的价值取向。市场经济也可以说是一种经济行为主体的自主经济和利益的主体性经济。经济利益和经济活动中责、权、利的主体化及其主体行为的自主化，是市场经济得以形成和运作的基本前提。而且，市场经济的实施还必然要产生经济利益主体的竞争和分化，使利益进一步分层和多元。这样，经济主体的价值追求就具有了强烈的主体性、自主性和多样性。这是市场经济客观运作的结果，是它充满活力和创造性的价值之源；同时，也是市场经济需要良好社会秩序和规范的主要原因之所在。

以上是市场经济价值取向的主要内容和特点。当然，具体地分析，还有更多的价值取向和价值特点。例如开放、竞争、自由的价值观念等。毫无疑问，市场经济的价值取向是市场经济活动必须普遍遵循的价值原则，也是市场经济实践必然要呼唤和造就出来的价值观念。

（三）市场经济价值取向的价值审视

倘若对市场经济活动价值取向本身做点儿价值审度，那么，我们起码可获得这样几点认识：

其一，市场经济内在地包含着价值前提和价值设计，市场经济活动也必然生成着自己的价值取向。那种认为市场经济是一种拒斥任何伦理价值因素的纯经济行为，显然是不能成立的。事实上，无论是市场经济的活动主体还是市场之外的其他主体，都有权利，也必然要对市场经济做伦理的、价值的评价。这不但因为市场经济内含着价值意义，主要还因为市场经济本身是社会活动的重要领域，西方近现代的经济学理论之所以有“经济人”和“道德人”之争议，经济学同伦理学互结姻缘，其因也盖出于此。市场经济必然具有的价值观前提，为人们从伦理价值角度评价市场经济，以及进行社会价值观建设提供了客观依据和现实可能。

其二，市场经济社会价值是功利价值和伦理价值的双重统一。

功利价值即物质、经济和实利功效意义上的价值。例如市场经济能实现资源的有效配置，能充分调动人们的劳动积极性，较快地推动科技进步，繁荣经济，为社会发展创造丰厚的物质基础，更好地满足人们的物质需求等，这一切构成了市场经济最基本的追求目标和直接效果。另外，市场经济在创造出实效价值的同时，也创造着人文的、伦理的社会价值。因为，市场经济作为社会经济体制和社会经济活动，内含着处理人与人之间关系的道德秩序和价值范式，培养着相应的人格和精神气质，产生着相应的文化价值。诸如对实利、效益、竞争、自主、互利、风险、创新等的认同和张扬，此乃是一套同市场活动相依为命的经济伦理道德。尽管市场经济的伦理价值总要依附于实效价值，但它已超越经济和实效，而更多地有了人文、精神和德化的意义。

其三，市场经济的价值取向通常是中性的。作为社会经济运作机制意义上的市场经济，它是一套操作规则和方法，与此相应而产生的价值取向，往往带有浓烈的工具性和技术性，说市场经济必然要以个人主义价值观抑或集体主义价值观为其哲学基础，显然缺乏客观根据而难以使人信服。然而，如同市场经济可以与一定的社会制度相结合一样，市场经济的价值观念的确可以与不同的社会价值观结合在一起，在不同的社会形态里，不与社会制度相连接的市场经济是没有的，同样地，不与一定社会价值观体系结合在一起的市场经济价值观念，也是不存在的。从这里我们又可以引出这样一个结论：当代中国的社会价值观体系建设，必须自觉地把社会主义价值同市场经济自身的价值取向有机地结合起来。

其四，市场经济价值取向存在着积极和消极的双重效应。市场经济的运作机制和价值取向，并不是导致道德迷失、价值错位的“万恶之源”，就其主导作用而言，它对经济社会发展和伦理价值进步是起积极推动作用的。这一点应充分肯定下来。但是，市场经济的运作及其价值取向，也远非一味地让人陶醉。实践使人们越来越清楚地看到，市场经济及其价值取向，是一把利弊俱在的双刃剑，对社会价值观既带来积极作用，也带来了一些消极效应。例如，市场经济能直接促使人们重视经济利益，却难以直接保证人们重视那些与市场经济没有必然联系的精神文化、理想信念的价值；市场经济能直接促使人们重视实利、实惠的价值，却难以直接保证人们重视市场经济之外的社会道德、人情的价值；市场经济能直接促使人们重视个人（法人）价值、个性发展，却难以直接保证人们重视社会整体价值；市场经济能直接促使人们重视竞争和效率，却难以直接保证人们之间的诸多社会公平；市场经济容易导致主体的本位意识、社会主体的分层化以及人们价值观念的多样化，这对强化人们的自主意识、竞争观念，增加社会的活力和创造力，具有积极的作用，但也往往由此而冲击社会的主导价值观，淡化全局观念、义务观念和社会责任，会削弱民族凝聚力，导致社会规范和社会秩序失衡；作为市场经济价值取向主要内容的效益、功利、实利、本位互利、自主等，它们极有可能向功利主义、金钱主义、实惠主义和利己主义等这类消极的价值观倾斜。

这说明，市场经济对社会价值观起积极作用的范围是有限度的，市场经济的固有属性和价值功能，并不能解决社会的所有矛盾，更不能解决人们价值观的全部问题。只有主动地兴利除弊，抑恶扬善，才能形成积极向上的市场经济价值观，保证市场经济健康文明地发展。

七　社会主义价值观与社会主义市场经济如何结合

社会主义市场经济是一种崭新的经济体制。它既具有一般市场经济的运行规则和价值取向，又具有自己独特的内容和个性。在当代中国，市场经济是同社会主义基本制度结合在一起的，而且也总是同社会主义价值观紧密相连的。

社会主义市场经济与社会主义价值观的内在联系，一方面表现为社会主义市场经济活动包含、体现和丰富着社会主义价值观；另一方面则表现为社会主义价值观反映、支持和保证着社会主义市场经济的健康发展。我们认为，社会主义价值观与社会主义市场经济内在结合的环节和途径，就宏观而论，主要有以下几个方面。

（一）市场经济的社会目标

作为比以往社会形态更高类型的理想，社会主义所体现的价值意义，乃是建构起一个更有效率、更加公平的社会结构和组合状态，从而更能满足人民群众物质文化的需求，更加符合人类和社会全面发展的需要。但就操作方面讲，社会主义并无固定不变的运行模式。

围绕上述中心价值观念，社会主义价值观又可化解为一系列更加具体的价值目标和原则。例如，社会主义社会应比旧的社会形态更快、更有效地解放和发展社会生产力；尊重劳动和创造；以消灭剥削和消除两极分化，实行按劳分配，逐步达到共同富裕为基本内容的社会公正；以社会为本位，倡导集体主义；追求社会全面进步和人的全面发展等。正如邓小平指出：“社会主义的本质，是解放生产力，发展生产力，消灭剥削，消除两极分化，最终达到共同富裕。”事实上，社会主义的本质，也就是社会主义的基本价值目标。

发展社会主义市场经济不但不同社会主义价值观相背离，恰恰是实现它的根本途径。市场经济是人类社会经济发展历史进程中不可逾越的阶段，同样也是社会主义社会经济发展进程中不可逾越的阶段。历史和实践充分证明，市场经济是人类历史迄今为止配置社会资源最为有效的经济组织方式。发展社会主义市场经济，可以用更科学和更先进有效的经济运行机制，去实现社会主义的价值理想和目标。显而易见，有利于发展社会生产力，有利于提高人民的物质文化生活水平，有利于增强综合国力，逐步实现社会共同富裕，推动社会全面进步，这既是我们实行社会主义市场经济最根本的社会目标，也是当代中国社会主义最基本的总体价值目标之所在。

换言之，发展社会主义市场经济，正是我们现实接近，并最终达到社会主义价值理想的正确合理的历史性选择。

（二）市场经济的制度基础

社会主义本质及其价值观，必然要表现在社会主义制度之中，并成为其存在的灵魂，发展的方向，此乃可谓形而上之“体”，社会制度和体制则可谓形而下之“用”，是具体的直接展开、可感的现实表现。社会主义市场经济就是这种“体用”的结合。

这就是说，社会主义市场经济不但遵循市场经济的一般规律，而且还由于同社会的基本制度结合在一起，因而体现着社会主义的本质及其基本价值。舍此，则无以名、也无以成社会主义市场经济。在社会主义当代中国，基本的经济制度，就是以公有制和按劳分配为主体，其他经济分配方式为补充；基本的政治制度，就是以全心全意为人民服务为最高宗旨的人民代表大会制度、共产党领导的多党合作和政治协商制度；基本的思想文化制度，就是以马克思主义为指导的意识形态和以培育“四有”新人为目标的社会主义精神文明。中国的社会主义市场经济就是在这样的社会制度基础上建立的。不仅如此，这些制度，特别是基本经济制度还直接构成了社会主义市场经济体制的重要内容。

这就决定了中国社会主义市场经济不能不具有自己的显著特点。例如，我国的市场经济是在公有制为主体的、多种经济成分共同发展的条件下运行的，公有制经济始终是我国市场经济的主体部分和主导力量；在收入分配上，我们的市场经济坚持以按劳分配为主体，坚持效率优先、兼顾公平，走共同富裕的道路；在经济运行机制上，由于我国是一个发展很不平衡的多民族的社会主义国家，对市场经济活动的宏观调控力度也要比其他国家更强一些；在发展社会主义市场经济过程中，我国社会主义性的国家政权及其整个上层建筑，为保证有中国特色社会主义的经济、政治、文化和社会目标的顺利实现，也将各自发挥着应有的作用。

就其实质来讲，社会主义的制度目标，就是社会主义价值观的基本内容。因此，社会主义价值观和社会主义市场经济在社会主义制度这一层面上，也是直接相通和内在关联的。

（三）市场经济的政府调控

在人类经济和制度文明发展史上，完全自由放任的市场经济，因其费用高昂、代价巨大，而早已花谢果败，寿终正寝。现代市场经济既需要有一定的制度基础，更离不开政府的宏观调控。我们建立社会主义市场经济体制，就是要使市场在国家宏观调控下对资源配置起基础性作用。

市场的基础性作用和政府的宏观调控作用，是社会主义市场经济运行机制不可或缺的有机组成部分。离开政府有效的宏观调控，就不可能建立起统一开放、高效公平、协调有序、文明健康的现代市场经济体系，市场的基础性作用也无从谈起。

我国市场经济运作中的政府宏观调控体系，主要由经济社会政策、经济社会法规、计划指导、社会保障、质量监督和其他必要的行政管理等内容组成。它们的基本职能，是通过运用经济、法律和必要的行政等手段，保持社会经济总量基本平衡，促进经济结构的优化；搞好社会基础设施建设；积极培育市场体系、监督市场运行和维护平等竞争；调节社会分配和组织社会保障；控制人口增长和提高人口素质；保护自然资源和生态环境；进而创造一个稳定公正、乐业祥和的经济社会环境，以确保市场经济的有序运行，引导国民经济持续、快速、健康发展，推动社会协调发展。

毋庸讳言，由市场价格、竞争和利益制导而形成的市场自我调节，也许在投入产出的经济效率上可达至令人心悦的境界，但是，经济功利价值不是社会发展的唯一目标，经济增长并非完全等同于社会发展，况且市场经济良性运行也需要有规则，有秩序，社会还需要化解其酿造的诸多消极后果，故需要有政府的宏观调控机制进入市场。

毫无疑问，政府宏观调控特别是我国政府的宏观调控，不仅追求经济目标，而且追求广泛的社会发展目标，唯社会公正合理、文明有序地同步发展，才能实现社会和人的全面进步。

（四）市场经济的精神文化

任何国家的市场经济，都有自己特定的文化背景和文化土壤。

社会主义市场经济更是一种高文化品位的经济。因为，它不仅赋予了经济发展的功利性目标，更承诺着社会主义制度和价值理想的实现，包含着更多的文化内涵和人文价值。在我国社会主义市场经济新体制的发展过程中，一方面需要建设同市场经济运行规律相适应的环境文化；另一方面又需要培育市场经济运作本身的自体文化。

市场文化就是这种环境文化和自体文化的统一。诸如有利于市场经济健康有序发展的科学理论、宣传舆论、文艺作品、社会公德、人际关系、生活方式、优雅空间等，它们构成了市场经济发展的环境文化；而各种各样的企业文化、企业精神、商业文化、商业道德、职业道德、经营作风、服务公约等，则形成了市场经济发展的自体文化。显然，积极营造同社会主义市场经济发展相适应的精神文化，为其良性运作提供内在的“润滑”、精神的动力和积极的文化氛围，有着独特的重要意义。

应该说，在市场经济活动中注重市场文化建设，是我国社会主义市场经济的独特优势之一。换言之，我们的市场经济需要和塑造的是文明的现代社会和文明的现代人，追求社会的文明进步和人的全面发展是它的最高价值目标，因而它需要更多的文化观照也必然要孕育着更多的文化意涵。

可以说，文化价值也是社会主义市场经济所追求的一个基本目标。我们认为，就市场经济中的自体文化建设而言，应主要围绕着以下几个问题展开：

一是倡导社会责任意识，以引导经济活动主体自觉意识到其行为不仅是经济的，同时也是社会的；不但是个体的，同时也是群体的，因而必须有社会责任意识和行为道德意识，自觉谋求个人利益、集体利益和国家利益的统一，企业效益、社会效益和环境效益的统一。

二是树立合法正当意识，以引导经济活动主体确立合法正当的目标，坚持做到利用合法正当的手段，采取合法正当的途径，获取合法正当的收益。

三是提倡“以人为中心”的管理意识，以引导经济活动主体既讲物质利益，又重视精神文化追求；既发挥物质的效能，又重视发挥人的潜能；既讲生产效率化，又注意生产的“人道化”；既创造物质产品，又塑造新的人，努力实现企业的经济效益和人的素质的提高相结合。

四是重视科技文化投入意识，以引导经济活动主体努力依靠降低土地、资源、能源、财力、物力、人才等有形投入，不断提高科技文化等无形投入来提高产出效益。现代市场经济竞争的实质是科学技术、人才和文化竞争。现代企业只有实现经济与文化一体化发展，才能在竞争中立于不败之地，不断开拓进取。

总而言之，通过市场经济的社会目标、市场经济的制度基础、市场经济的调控体系和市场经济的精神文化等环节，社会主义价值观和社会主义市场经济不但互为关联，而且本身就是市场经济体制的重要内容和基本目标，因而它们两者是内在统一的。

当然，我们的探讨还需要继续向前推进，即通过分析市场主体的经济行为与道德价值的关系——人类文明发展史上的又一个难解之题，才能进一步开通社会主义价值观与社会主义市场经济相互结合的关键路径。①

八　当代中国价值观建设的若干基本问题②

当代中国正进入以发展社会主义市场经济为基点的现代化建设的新时期。这是一个需要也必然要造就出新的价值观的时代。邓小平同志建设有中国特色社会主义理论，就包含着我们这个时代所需要的丰富的价值观思想。如关于解放思想、实事求是的论述，关于爱国主义、集体主义和社会主义的论述，关于社会主义本质和“三个有利于”的论述，关于社会主义精神文明建设的论述，关于尊重知识、尊重人才、尊重人民群众的首创精神的论述，关于加强执政党建设和反腐倡廉的论述，关于吸收和借鉴人类优秀文明成果的论述。诸如此类的思想，都为我们建设有中国特色社会主义的价值观体系，规划了颇具中国气派和时代特色的蓝图。

毫无疑问，它们应当成为指导当代中国社会价值观建设的基本准则。

在改革开放和发展社会主义市场经济的历史条件下，有中国特色社会主义价值观体系建设，是一项繁杂巨大的社会工程，需要党和人民做长期的艰苦努力。建议当前可在以下几个方面做较系统深

---

① 参见本篇第2节的“塑造‘经济人’与‘道德人’相融共通的市场主体”的论述。本篇的第4—7节原题为“论社会主义市场经济与社会主义价值观的统一”，分别由《中国教育报》1994年12月28日和1995年2月8日连载。并由《马克思主义研究》1997年第1期刊发。

② 本节原标题为“社会主义市场经济条件下的价值观建设”，原载《马克思主义研究》1997年第2期。

入的探讨，以期梳理当代中国价值观体系的基本脉络。

（一）以解放思想、实事求是为当代中国价值观的哲学基础

解放思想、实事求是是马克思主义和邓小平建设有中国特色社会主义理论的核心和精髓，是辩证唯物主义和历史唯物主义活的灵魂。

任何一种社会价值观都是有相应的哲学基础的。哲学世界观是社会价值观的思想前提，价值观是世界观的重要内容和具体体现。有中国特色的社会主义价值观必须以解放思想、实事求是为自己的哲学基础。

把解放思想、实事求是作为我们时代价值观的哲学世界观和方法论基础，就是要做到：新时代的价值观必须遵循和反映人类历史发展的客观规律；必须符合和反映中国的基本国情和当代中国社会发展的客观规律；必须尊重客观事实，尊重社会实践，尊重人民群众首创精神，一切从时代的和发展着的实际出发；必须坚持独立自主，自力更生，走自己的路；必须冲破落后的传统观念和主观偏见的束缚，反对教条主义和本本主义，锐意改革开放，不断开拓进取；必须警惕右，但主要是防止“左”，等等。这些是解放思想、实事求是的基本要求，也是当代中国价值观的主要内容。

新时代的价值观不但要弘扬解放思想、实事求是的社会价值，而且要把它渗透到整个价值观体系之中，作为分析和衡量一切事物之价值的基本的方法论原则。唯有如此，我们的价值观才会有现实的根基，才能跟上时代前进的步伐，才能永葆青春和活力。

因此，坚持科学正确的世界观、真理观和方法论同建设积极向上的价值观、人生观和道德观是统一的。

（二）以人民群众为当代中国价值观的最高主体

价值主体是价值观的核心。人民群众是我们党的力量源泉，是

我们国家兴盛繁荣之本。没有人民群众的价值主体地位，便没有真正的社会主义。有中国特色社会主义价值观的主体就是全国各族人民，它继承了“为人民服务”的价值思想，坚持以人民而不是以少数人作为最高的价值主体和评价主体。

中国特色社会主义事业是人民群众自己的事业。真正地反映人民的愿望和要求；深刻地体现人民的利益和意志，对人民和中华民族的高度负责的使命感和责任感，是邓小平同志和他的理论的鲜明风格。邓小平同志反复强调，要尊重群众，热爱人民，要时刻关心着广大人民的利益和愿望，把“人民拥护不拥护”“人民赞成不赞成”“人民高兴不高兴”“人民答应不答应”，作为我们考虑问题和制定各项方针政策的出发点和归宿。

坚持人民群众的价值主体地位和作用，首先要坚持党的全心全意为人民服务的宗旨，牢固树立人民利益至上的价值观念；要在发展社会主义市场经济过程中维护和保证人民群众的主人公地位；要坚持党的基本路线不动摇，要把解放和发展社会生产力、经济建设作为当代中国的中心任务，这是人民群众最根本的利益和最大的价值；要树立贫穷不是社会主义，社会主义就是要逐步达到共同富裕的价值观念，正确处理好先富和共富的关系；要坚持党从群众中来到群众中去的群众路线，尊重人民群众的实践创造精神；要反腐倡廉，勤政为民，关心群众疾苦，倾听群众呼声，密切党群、干群关系，多为人民办好事，办实事。

一切为了人民群众，一切相信人民群众，一切依靠人民群众，全心全意为人民服务，始终坚持人民群众的价值主体地位，充分发挥人民群众创造社会主义物质文明和精神文明之价值的历史主动精神，是有中国特色社会主义价值观的一个本质特征，也是它富有强大生命力的根本保证。

（三）以建设有中国特色社会主义为当代中国价值观的共同理想

价值理想是人们竭力追求并努力奋斗去实现的价值目标，它在价值观体系中居于统摄和指导的地位。社会价值理想应是融个人、群体和国家根本利益于一体、切合社会发展水平和广大群众基本要求、反映时代实践和社会生活主题的共同价值目标，它有鲜明的时代性、广泛的群众性和强烈的现实性。由此而论，当代中国社会的共同价值理想，应该是建设有中国特色的社会主义。

走自己的道路，建设有中国特色的社会主义，并以此为当代中国社会的共同价值理想，这是我们党和人民总结长期历史经验得出的基本结论，是又一次伟大的革命变革和历史性选择。这个共同价值理想既反映了人类历史和我国社会发展的客观要求，又体现了全国各族人民的迫切愿望：就是尽快把我国由不发达的社会主义国家建设成为社会主义现代化国家，使社会主义事业和中华民族充满生机和活力。

有中国特色社会主义的共同价值理想，就是要把马克思主义基本原理与当代中国实际和时代特征相结合；就是要坚持用有中国特色社会主义来理论建设中国和发展中国；就是要倡导既同资本主义有本质区别，又同传统社会主义模式有不同特点的有中国特色的社会主义精神和文化价值；就是要坚持党在社会主义初级阶段的基本路线；就是要坚持体现中华民族雄心壮志的社会主义现代化战略目标为在20世纪末全国普遍达到小康生活水平，21世纪中叶接近世界发达国家水平而奋斗；就是要使中华民族“永远屹然屹立于世界民族之林”。这个共同价值目标集中代表了全国人民的根本利益，是保证和感召全体人民在政治上、道义上和精神上团结一致，克服各种艰难困苦，共同拼搏奋斗的强大精神武器。

建设有中国特色社会主义这个共同的价值目标，是社会主义中国摆脱贫穷落后，走向振兴繁荣，建成富强民主文明的现代化强国的正确选择，也是实现共产主义最高理想的必由之路。

（四）以经济建设和社会全面进步为当代中国价值观的总体内容

人民的价值主体地位和建设有中国特色社会主义的共同价值目

标，决定了当代中国社会价值观的内容及其结构，是完整统一的，而不是单一的，更不是畸形的。社会价值观指向的内容完整与否，不但关系社会的协调发展，而且也反映社会发展的性质和水平。

以经济建设为中心的社会全面进步，是当代中国价值观的基本内容和结构。建设有中国特色社会主义，实现富强、民主、文明的社会主义现代化强国，是一个全面体现人民物质追求、政治追求和精神追求的综合价值体系。坚持这个价值体系，就是要紧紧抓住社会主义本质和我国社会主义初级阶段的基本国情，毫不动摇地以经济建设为中心，把解放和发展社会生产作为社会主义的根本任务；就是要在党的基本路线指引下，围绕社会主义现代化，发展社会主义市场经济，发展社会主义民主政治，发展社会主义精神文明；就是要“坚持两手抓、两手都要硬”的战略方针；就是要培养“有理想、有道德、有文化、有纪律”的社会主义新人；就是要做到经济发展和社会发展、经济社会发展和人自身的发展相统一，先富和共同富裕、发达地区与不发达地区相协调，推动社会全面发展和共同进步。

这是有中国特色社会主义价值观的一个重要原则和特点。

（五）以“三个有利于”为当代中国价值观的根本标准

价值标准在社会价值观体系中占有重要地位。要对事物的效用和人们的行为做出价值评判，就必须以一定的价值标准为衡量的尺度。

社会是由各种不同类型的事物和人们千差万别的行为相互作用而形成的有机整体，社会的文明进步也取决于各行各业的发展。因此，社会客观上必然有不同类型的价值，衡量的价值标准也不可能千篇一律。例如，社会经济、政治、科技、文化、教育、卫生、艺术、伦理等领域，它们就有不同的性质和社会作用，其价值评价标准亦有所不同。

然而，生产力毕竟是社会进步的主导的推动力，有中国特色社会主义价值观，又是以反映人民根本利益为基本价值目标的，社会主义社会由初级阶段向更高阶段发展，社会主义现代化乃至共产主义的实现，也主要取决于生产力的发展。因此在当代中国，应当把邓小平同志提出的“三个有利于”，即“是否有利于发展社会主义社会的生产力，是否有利于增强社会主义国家的综合国力，是否有利于提高人民的生活水平”，作为我们考虑问题的基本出发点、检验工作得失成败和是否体现了为人民服务价值观的根本标准。

“三个有利于”的价值标准体现了唯物史观和人民价值观的统一，体现了人民群众的根本利益，反映了时代发展的必然。发展生产力是社会进步的基础，增强综合国力是生产力发展和社会全面进步的结果，满足人民物质文化需求，不断提高人民生活水平，是发展生产力和增强综合国力的最终目的，也是有中国特色社会主义价值观所追求的根本目标。

（六）以“三个主义”和艰苦创业作为当代中国价值观的基本导向

价值导向是社会价值观的核心问题。它对人们的价值取舍和价值行为直接起到调控作用。

一个社会提倡什么、反对什么，实质上就是社会的价值导向问题。价值导向直接体现着社会价值观先进抑或落后、积极抑或消极的性质，代表着价值观和社会发展的方向。在发展社会主义市场经济和利益主体多元文化的情况下，人们的价值取向和价值理想正日趋多样化，这是必然而又合理的。但作为社会的价值导向则必须是统一的，否则，社会的整体价值利益就难以保证，社会价值观的统摄整合力就将削弱，乃至分化解构，致使社会丧失整体的动力和明确的发展方向。这是我们应该避免的。

我们认为，爱国主义、集体主义和社会主义，是有中国特色社会主义价值观最基本的价值导向，必须矢志不渝地加以坚持和强化。具体来说，当前特别要把握好以下几个价值导向问题。

第一，坚持个人与社会统一，以社会为本位。有中国特色社会主义价值观建设，必须以个人、集体、国家三者利益的统筹兼顾为主要价值取向，最大限度地调动和发挥每个社会成员的主动性和创造性，国家、集体应充分重视、尊重和关心合法正当的个人利益，为个人发展自己的才能、实现自己的价值理想创造条件。但是，当个人利益同社会利益发生矛盾时，我们的社会价值观，必须提倡社会主义的集体主义原则，坚持人民利益、国家利益和社会利益至上的价值导向，提倡以社会为本位，而不能以个人主义、利己主义为本位；提倡个人利益服从于国家和集体利益；提倡局部利益、暂时利益服从于全局利益和长远利益。

第二，坚持义与利统一，以义统利。有中国特色社会主义价值观在义利取向上，应当坚持义和利的统一。利者既指个人私利，又指实实在在的物质利益。义者，既指社会、天下之大利，又指社会之大德、天下之公理。义利在社会发展的客观进程中是相互统一的。如果只讲义，不讲利，社会就不能发展，义也会成为一句空话。

反之，光讲利，不讲义，利己主义泛滥，物欲主义横流，社会也不可能发展和进步。因此，要把义和利结合起来，把物质文明和精神文明结合起来，把经济发展和社会进步结合起来。当然，当义和利发生矛盾时，则应当提倡以义统利的价值导向。所谓以义统利，就是要导之以利，齐之以德，利己而不损人，见利而不忘义，追利而不缺德；就是要合法正当地谋利、取利、赢利，而不唯利是图；就是以社会大德大利为重，反对假公济私，损公利己；就是要塑造积极健康的精神文化和社会伦理风气，反对把商品等价交换原则引扩到整个社会领域，反对一切都商品化、市场化、功利化和金钱至上的不良倾向。

在发展社会主义市场经济条件下，仍然要坚持义利并重、义利互济的价值取向和以义统利、大义为先、见利思义的价值导向。

第三，效率与公平统一，以效率为先。效率和公平是社会发展的两大动力和平衡力量。实现效率和公平统一是社会价值观所追求的基本目标。在效率与公平之间如何找到一种合理有效的平衡，是人类社会面临的一个共同问题。公平有余，搞绝对平均主义，则社会活力不足，效率不高；而效率压倒一切会严重损害社会公平，社会将会无法协调发展甚至会引发动荡。

理想的价值取向，是实现效率原则和公平原则的动态结合。但社会关系和矛盾相互牵制，错综复杂，效率与公平常难以两者兼顾兼得，因而在经济快速发展和现代化赶超阶段，在社会主义初级阶段和发展社会主义市场经济的过程中，我们必须坚持效率优先、兼顾公平的价值取向，以期促进经济和社会更快、更有效地发展。

第四，创业与享受统一，以创业为重。如何处理创业与享受的关系，是人生价值观的基本问题。从根本上讲，建设有中国特色社会主义事业，建设社会主义现代化，发展社会主义市场经济，最终都是为了提高人民的生活水平，使我国人民享受到更加丰富优裕的物质生活，更加充实多彩的精神生活。通过正当劳动创造，取得正当收入，合法致富，过上文明健康的生活，实现劳动与生活、创业与享受相统一，无疑是一种积极向上的人生价值取向，应该予以提倡。

但是以享乐为人生最高价值，不讲创造奉献而只讲索取，追求奢侈挥霍，贪图安闲享受，为富不仁、不义，甚至恣情纵欲，追求肉体的感官刺激，这种享乐主义价值观则是要必须反对的。在人生价值导向上，应当旗帜鲜明地倡导艰苦创业和奉献精神，要提倡邓小平同志一再强调的艰苦奋斗精神和江泽民同志指出的64个字的新时期创业精神，使我们的民族充满奋发向上、开拓进取、乐于奉献的风貌，不断开创新的事业，走向新的胜利。

总之，有中国特色社会主义价值观必须理直气壮地倡导爱国主义、集体主义、社会主义和艰苦创业的价值导向，旗帜鲜明地反对极端个人主义、利己主义、拜金主义和享乐主义的价值观。

第五篇

义利的辨析

“经济人”与“道德人”的关系，实质上也是一个价值判断问题。

而人们的价值评判只有进入人的世界尤其人与人的关系领域，才会存在和出现。当然，这里指的也是人们的利害关系。价值认知和价值评价，实际上就是人们的利益关系。而人们的行为总体上是由价值取向所决定的。正因为如此，人们才通常说，人们的世界观、价值观、人生观决定着人们的行为。价值观就是人们所思所行的“总开关”。

既然人们的行为总是与各种利益分不开的，那人们是否就可以完全按自己的利益需求去行动呢？事情当然没有那么简单。因为，在人类世界里，一方面现存世界上满足人的利益需求的资源（包括精神文化资源）是有限的，而人们的利益需求总是大于现存的资源，况且人的利益需求是一个永远难以填满的无限世界。更重要的是另一方面，世界上的人们虽然有着共同利益、共同命运，但同时也总是存在着利害冲突关系，满足了你的利益常常会损害他人利益，你得益多了也可能意味着人家少了。

这样一来，人类社会就有一个共同利益与局部利益、你的利益与他人利益、创造奉献利益与回报索取（取与舍）利益的关系问题。通常，人们把实现自己利益的行为看作是“利”，而把实现他人、社会利益行为视为“义”。如果你的利益与他人、与社会整体利益相一致，那自然“平安无事”，属于“义利并举”“义利兼顾”；如果你谋自己的利而不损害他人利益，那叫“利己不损人”，这被看作是做人做事的起码底线；如果你为了一己之利而损害他人、社会利益，那就叫“损人利己”；如果你为了他人和社会利益而牺牲自己的利益，那就叫“大公无私”，或者说“无私奉献”。

所有这一切，构成了古今中外的一个永恒话题，就是“义利之问”。这是世世代代人们都要面临的现实考问，也是古往今来哲学家、思想家们争辩的重要课题。

在发展社会主义市场经济的当今中国，“义利之问”不但存在，而且显得比其他国家更为突出，争论更为激烈。这既是中国传统文化、价值观念与西方文化交错碰撞的反映，更是我们原有理论、要继续坚守的理念与现时代发展艰难磨合的折射。

于是，在20世纪八、九十年代，社会各界或多或少都卷入了一场市场经济条件下的义利关系之争，价值观的变革及其建设问题一时显得十分迫切和意义重大。“价值观”范畴及其重要性终于“粉墨登场”并为社会所普遍认同。

笔者也积极投入了当年那场“义利之问”的讨论，并力图从“义利”统一的视角加以争辩。这样，就有了本篇这些文字。由于各篇论文汇集在一起，难免有交叉重复的文字。特作说明。[①]

一 倡导合理义利观的时代意义[②]

义利之辩是一个古老而又常新的话题。在发展社会主义市场经济和改革开放的新形势下，积极引导人们正确处理各种利益关系，

① 本篇的这些前言性文字，写于2016年11月26日。

② 本篇第1—3节的内容根据《论社会主义义利观》一文编辑，原载《浙江省委党校学报》1997年5月刊。与李火林同志合作。

确立起有利于社会主义现代化建设的义利观，是新时期社会主义精神文明建设中需要认真解决的一个时代性课题。我们试图以建设有中国特色社会主义理论为指导，着重从社会主义市场经济与社会主义义利观相统一的角度，探讨一下社会主义义利观建设的若干基本问题。

（一）义利观是人们世界观和人生观的重要组成部分

义利问题是当代中国经济、文化和社会生活中的重大问题之一。

一般来说，义是人的行为所应当遵循和追求的具有超功利色彩的原则和标准，是保持和实现人类所独有的尊严和价值的一个重要方面，人类社会通过义来调整内部的物质利益关系，保证根本利益的实现，进而形成巨大的整体力量。而利则是人类生存和发展以及实践活动的内在要求，是人们的物质利益、实际利益以及合法正当的个人利益。义利观就是人们对人类实践活动这样两个不可或缺方面及其内在关系的基本看法，它无疑构成了世界观和人生观的重要内容。

世界观作为人们对客观世界存在与发展一般规律的根本观点，作为人们精神世界最深层次的支柱，作为从根本上制约着人们思维方式、行为方式和生活方式的最核心价值观念，必然包含着对义与利、道德原则与利益追求、个人利益与社会主义整体利益等关系的把握，对客观世界特别是对人类社会历史发展规律的把握不同，对精神与物质、个人与社会、现实与未来关系看法的不同，必须导致人们对什么是义、什么是利以及义利关系的不同回答。

义利问题更是人生观的根本问题。对义利关系的不同处置直接反映了人们对人生意义和价值的根本观点，也影响着人们对人生目的和态度的选择。可以说，世界观、人生观的不同决定了义利观的不同，而不同的义利观也直接反映、体现并影响着人们对世界和人生的不同看法。在改革开放和发展社会主义市场经济的大潮中，要牢固树立无产阶级世界观、人生观，就必须正确处理义利关系，确立起社会主义的义利观。

（二）在人类社会工业化、市场化和现代化进程中义利观问题的凸显及其根源

现代化是一个由传统的农业社会向现代工业社会转变的世界性历史过程，是一个包含了人类思想和行为各个领域变化的多方面进程。

工业化、现代化、市场化打破了传统农业社会自给自足的自然经济状态，促进了社会专业化分工的发展，造成生产与消费的相对独立，导致生产的商品化、社会化，同时又使每一个生产单位的经济活动受制于成本—收益原则、自主性原则、竞争原则、等价交换原则，从而强化了直接生产过程的个体化和独立的经济利益，导致个人利益自主化、明晰化，利益格局多元化。现代化、市场化使得商品货币关系成为一种存在于社会主义经济活动中的普遍关系，货币成为各生产单位和社会成员依赖关系的纽带和“网结点”。

社会关系表现为“物的限制”或“物的依赖关系”。资本主义的工业化、现代化、市场化，“把一切封建的、宗法的和田园诗般的关系都破坏了”，“它使人和人之间除了赤裸裸的利害关系，除了冷酷无情的‘现金交易’，就再也没有任何别的联系了”。[①] 在这里，利益矛盾更加激烈了，义利冲突范围和领域扩大了，义利失衡的可能性增加了，它们都以前所未有的尖锐形式和程度表现出来。

我国目前正从计划经济体制走向社会主义市场经济体制，从传统农业社会走向现代化社会。随着整个社会利益关系、利益格局、利益实现机制的重大变化和调整，利益矛盾、义利矛盾、各种义利

① 《马克思恩格斯选集》第1卷，人民出版社1972年版，第253页。

观的相互冲撞也不可避免地凸显出来，亟须加强社会主义义利观建设，从义利观层面上对种种问题和矛盾加以科学地说明与有效地调适。

（三）发展社会主义市场经济必须有与之相应的义利观

我国正处于建立社会主义市场经济体制的进程之中。市场机制对资源配置的有效性，对经济和社会发展的积极作用，同这种机制能更好地激发人们的趋利性，并使之成为社会物质生产不断发展的动力有关。

我们要搞市场经济，就不能不尊重价值规律，就不能不看到物质利益原则对人们的激励作用。从这种意义上讲，市场经济是不能不言利、重利的，那种把义与利、社会利益与个人利益对立起来，无视和否定个人正当利益，只讲义不讲利，重义轻利、崇义贬利，扬义抑利的看法是不适合社会主义市场经济和社会全面发展需要的。但是反过来认为，要发展社会主义市场经济，就应该少说义多讲利，甚至可以不言义而只讲利的观点，也同样是十分错误和有害的，我们搞的市场经济是社会主义市场经济，它是同社会主义本质要求和基本经济政治制度结合在一起的，也是同社会主义精神文明结合在一起的。

社会主义市场经济是一种讲法制、讲秩序、讲道德、讲文明的现代市场经济，发展社会主义市场经济，当然要尊重和保护人们的物质经济利益，也要讲自主、竞争和效率，但这一切都必须是合法的、有规则的，如果像一些人那样，为了个人私利而见利忘义、唯利是图、损公肥私、损人利己，甚至不惜以身试法，搞行贿受贿、走私贩毒、假冒伪劣、坑蒙拐骗、谋财害命，那么，不但发展不了社会主义市场经济，实现不了人民群众的物质利益，还会从根本上毁坏我们的社会主义事业。

因此，要建立和完善社会主义市场经济体制，保证改革开放和社会健康有序地发展，就必须在建设有中国特色社会主义理论指导下，形成与社会主义市场经济发展要求相符合的义利观。

（四）社会主义义利观是社会主义精神文明建设的重要内容

思想道德建设是社会主义精神文明建设的核心内容，在整个精神文明建设中起着基础性的作用，决定着精神文明建设的性质和方向。思想道德建设搞得好不好不仅直接影响人们的思想行为、社会精神风貌和国家长治久安，而且直接影响我国改革开放和整个社会主义现代化建设的发展方向，社会主义义利观作为社会主义价值观的核心，是思想道德建设的重要内容，是社会主义精神文明建设与社会主义市场经济相结合的最直接的层面。

能不能在全社会确立社会主义义利观不仅直接决定着能不能在全社会确立起社会主义价值观、无产阶级世界观、人生观和道德观，而且也决定着我们的精神文明建设能不能促进社会主义市场经济体制的健康发展和社会的全面进步，在现实经济社会生活中发生的种种道德失衡、价值迷失的现象，存在的大量只顾竞争、自主、效率、先富、经济效益，而不顾协作、监督、公平、扶贫、社会效益的片面倾向，出现的不少争利于市、争名于潮、物欲横流、金钱至上、见利忘义、唯利是图的恶劣行径，都同社会主义义利观的失缺有关，同一些人自觉不自觉地接受了资产阶级个人主义、利己主义、拜金主义、享乐主义的人生观、价值观、义利观有关。

如果我们不加强社会主义义利观建设，不在全社会形成和确立把国家和人民利益放在首位而又充分尊重公民个人合法利益的社会主义义利观，并成为全社会的价值导向，那么思想道德建设要取得成效是不可能的，精神文明建设要取得成效是不可能的，要实现社会主义市场经济与社会主义精神文明的结合是不可能的，推进社会全面进步也是不可能的。

二　我们时代合理义利观的基本内容和特点

前面我们探讨了社会主义正确义利观的重要性和紧迫性，下面着重分析一下我们要倡导的正确义利观的内容和特点。

（一）义利观在不同社会历史条件下有不同的内容和特点

义利观是一个历史范畴，是社会实践的产物，它的具体内容是由一定的社会历史条件决定的，并随着社会历史条件的变化而变化。

在不同的历史时期，由于人们的需求、生产方式以及由此决定的人与人之间的关系不同，人们关于义和利及其相互关系的看法也不同，这些看法作为时代的产物，集中体现了特定的社会利益关系，在一定时期和某些方面正确地反映了义利观的历史内容和内在联系。

在漫长的中国封建社会，儒家“重义轻利”说在中国历史上产生了广泛而深远的影响，儒家强调义高于利，以义为上，主张以义来规制和决定利的取舍，要求务张其义、先义后利、以利从义、合义取利，义与利比、义重利轻，一切以大义为先，直至杀身成仁，舍生取义。这种义利观之所以成为中国封建社会主流义利观，究其原因，就在于它不但对于塑造中华民族重德尚义精神和民族气节有积极作用，更主要的是它集中反映了封建地主阶级的根本利益要求，符合封建统治阶级政治需要，对于维护封建秩序、巩固和完善封建制度有着十分重要的作用。

与中国封建社会不同，在西方资本主义社会，虽然也有或多或少的重义轻利的观点出现，但占主导和统治地位的则是把个人的物质利益推举到至高无上地步的西方功利主义义利观。资产阶级功利主义力图从人的本性上解释道德和利益、利和义的关系。他们认为人是自然的产物，趋乐避苦是人的本性，利益是人唯一的推动力和人生的唯一目的，义与道德仅仅是人们追求利益的手段和工具，过世俗的生活，追求感官享乐和现实幸福，就是道德的，能给人带来利益和幸福的行为就是义，就是善，利即义。尽管以这种义利观为价值导向必然会导致个人主义和拜金主义泛滥，造成人际关系的紧张和对立，影响社会的和谐与安定，但它仍然成为资本主义社会的核心价值观，原因就在于它实质上为资产阶级追逐剩余价值的正当性、合理性做了论证，集中反映了资产阶级的阶级本性和阶级利益，满足了资产阶级建立、发展和巩固资本主义制度的需要。

可见，在阶级社会里，任何占统治地位的义利观，“不过是占统治地位的物质关系在观念上的表现，因而，这就是那些使某一个阶级成为统治阶级的各种关系的表现，因而也就是这个阶级的统治思想”①。

（二）马克思主义在义利问题上的基本观点

马克思主义反对那种把义与利截然对立起来的思维方式，“即不拿利己主义来反对自我牺牲，也不拿自我牺牲来反对利己主义”，而在批判继承人类历史上一切优秀文化成果的基础上提出了自己的义利统一观。②

马克思主义认为，“利”主要指人民群众的根本利益、长远利益和社会主义国家整体利益，以及在此前提下的合法正当的个人利益，而不是个人主义和利己主义的“利”。“义”指的是正确处理社会主义社会各种利益关系的准则和取向，主要是指崇高的理想追求和高尚的道德行为。

马克思主义认为，每一种社会经济关系首先是作为利益关系表现出来的。因此，我们必须十分重视保护和发展人民群众合法正当

---

① 《马克思恩格斯选集》第1卷，人民出版社1972年版，第52页。

② 《马克思恩格斯全集》第3卷，人民出版社1956年版，第275页。

的物质利益。列宁提出要“从个人利益上关心的原则”。毛泽东同志也认为，利益是人们从事社会活动的客观动因。人们的一切言论和行动不管表面上看起来有多么大的差异，归根到底都是为了特定的利益。离开了物质利益，单纯讲思想觉悟、道德情操只能是空谈，人们不可能总是饿着肚子去正义明道。毛泽东同志旗帜鲜明地提出，我们共产党人是以最广大群众的目前利益和将来利益统一为出发点的“无产阶级的革命的功利主义者”。邓小平同志在深入总结我国社会主义建设经验教训的基础上明确提出，讲义必须言利，如果只讲义不讲利，无视人民群众的物质利益和个人的合法利益，不注重利益机制的作用，必然挫伤人们生产的积极性和创造性，结果只能是物质的匮乏和社会的停滞。他说：“不讲多劳多得，不重视物质利益，对少数先进分子可以，对广大群众不行。一段时间可以，长期不行。”“如果只讲牺牲精神，不讲物质利益，那就是唯心论。”

马克思主义主张在讲利的同时必须讲义，义不仅对利有促进和保障作用，也有制约和引导作用，讲义是人类社会特别是社会主义社会发展的必然要求。讲义，就是要人们在对待物质利益问题上有一个正确的选择和取舍标准，不能人人向钱看，一切向钱看，否则，我们就不可能把人民团结起来，就不可能形成统一意志和强大力量，社会经济活动将陷于混乱，社会发展和文明进步就会遭受损害，社会主义和资本主义就没有任何区别。

讲义就必须处理好个人利益与社会整体利益的关系。马克思认为：“既然正确理解的利益是整个道德的基础，那就必须使个别人的私人利益符合于全人类的利益。”[①]“当一个人专为自己打算的时候，他追求幸福的欲望只是在非常罕见的情况下才能得到满足，而且决不是对己对人都有利。”[②] 毛泽东曾提出，要“提倡以集体利

---

① 《马克思恩格斯全集》第 2 卷，人民出版社 1957 年版，第 167 页。

② 《马克思恩格斯全集》第 4 卷，人民出版社 1958 年版，第 234 页。

益和个人利益相结合的原则为一切言论行动的标准的社会主义精神”。邓小平同志认为，在社会主义条件下，必须既充分尊重公民个人的合法利益，承认“每个人都应该有他一定的物质利益”，提倡按劳分配，允许公民通过合法经营、诚实劳动实现个人利益，又坚持国家、集体和个人利益是统一的，不能“抛开国家、集体和别人，专门为自己的物质利益而奋斗”。“如果国家、集体和个人利益有矛盾，个人利益要服从国家和集体的利益，为了国家和集体的利益，为了人民大众的利益，一切有革命觉悟的先进分子必要时都应当牺牲自己的利益。”

（三）市场经济条件下社会主义义利观的基本内容

在社会主义市场经济条件下，义利关系突出地表现在整体利益与个人利益、先富与共富、效率与公平、竞争与协作、自主与监督、社会效益与经济效益等方面。只有正确处理这些关系，才能实现社会主义的义利统一。

第一，整体利益与个人利益的统一。在社会主义市场经济条件下社会整体利益和个人利益应该而且可以统一起来。社会主义的整体利益虽有相对独立于个人的表现形态，但在实质内容上，整体利益并没有脱离一般劳动者个人利益的特殊内涵。整体利益的最终目标在于人民群众本身的利益，在一般情况下整体利益与个人利益是和谐相长的，但这并不意味着两者没有任何矛盾和冲突，问题在于如何正确处理。按照社会主义的本质，社会主义国家的整体利益集中代表了人民群众的根本利益，体现着社会主义公有制的发展要求，是一切其他利益发展的先决条件和根本保障。

因此，国家整体利益重于个人利益。维护了国家整体利益，实质上也就维护了更普遍意义上的个人利益。损害了整体利益，国民经济的基础就要受损，各种局部利益、个人利益也保不住，因此，我们必须坚持个人利益服从于整体利益的原则；在追逐个人利益的同时以不损害整体利益为自己应尽的义务和前提条件；在两者发生冲突时，应当把整体利益置于首位，甚至牺牲个人利益来维护整体利益。

第二，先富与共富的统一。共同富裕是社会主义的理想目标和本质特征之一，是社会主义正义原则的实质和灵魂所在。邓小平同志说："社会主义的本质就是解放生产力，发展生产力，消灭剥削，消除两极分化，最终实现共同富裕。"共同富裕不是均富，不是同步富裕，要求无差别均富或要求所有人在短时期内一起富裕起来，是不切实际的。把不患寡而患不均作为社会主义正义原则，在分配上搞平均主义，吃大锅饭，只能导致共同落后，共同贫穷，于共同富裕有害无益。

允许和鼓励一部分人和地区先富起来反映了我国社会主义初级阶段的现实和社会生产发展的不平衡规律，符合社会主义市场经济的发展要求，有利于生产力的发展，也有利于最终实现共同富裕，因而并不违反社会主义义利统一的原则。当然这不等于允许和鼓励一部分人和地区可以不择手段地追逐自己的利益。凡是损人利己，损公肥私，用歪门邪道坑害国家、集体和他人来谋求先富，都是政策和法律所不允许的，也是不义的。必须坚持勤劳致富和合法致富，必须处理好先富后富的关系，先富者要满腔热情地激励、带动、帮助后富的，要助人为乐，扶贫济困，坚决反对为富不仁。

第三，效率与公平的统一。提高效率是市场经济的普遍法则，也是社会主义所追求的基本价值目标之一。只有提高效率，极大地促进社会主义生产力的发展，才能满足人民群众日益增长的物质文化需要，才能为实现社会公平奠定物质基础。要发展社会主义市场经济，必须坚持效率优先的原则，这是社会主义大义所在。同时又要注意防止那种以效率压倒一切，漠视社会公平的倾向，讲公平是社会主义不同于资本主义的本质所在。

我们搞社会主义就要建立一种公正与平等原则，并保证这种原则在经济政治文化领域得到贯彻落实。事实上，社会主义的经济效率也是以公平作为保障的。社会公平状况的改善有助于社会主义市场经济效率的进一步提高。不兼顾公平的效率不是社会主义所追求的效率，也是难以持久的。如果我们不能在宏观领域有力地调节因促进效率所引起的拉大了的贫富差距，不能在微观领域有效地制止诸如权力寻租等既不公正又无效率行为的发生，不能有力制止不公正的两极分化，那么不但要影响经济效率，而且还会危及社会稳定。

因此，必须从社会主义初级阶段现实出发，提倡效率优先兼顾公平，在初次分配上更多地体现效率，再次分配时更多地体现公平，坚持义与利的辩证统一。

第四，竞争与协作的统一。竞争是市场经济富有活力和效率的机制之一。各市场经济主体要想实现自己的经济利益必须参与市场竞争，问题在于如何参与竞争。从利己主义、拜金主义出发，把市场竞争看作弱肉强食，把竞争的对方看作敌人而不是伙伴，必然导致人与人之间的紧张与对抗，甚至造成所谓的“人对人的战争”，造成事实的不公平，那种搞地方壁垒和地方保护主义，搞不正当竞争，相互倾轧，尔虞我诈，强卖强买，以大欺小，以强凌弱，甚至致对方死地而后快的市场行为，都严重违背了社会主义市场经济借以正常运行和健康发展的经济正义准则。必须遵循国家法律法规，维护市场正常的竞争秩序，做到正当竞争、公平交易、等价交换、恪守契约、重视信誉、团结互助、互利协作。在市场经济活动中本着公平和互利的原则，各市场经济主体既相互竞争又相互协作，实现竞争与协作的统一。

当然，在更广阔的社会生活领域，不能什么都讲竞争，也要讲协作。特别在人际交往中更要珍视人与人之间的友谊，注意团结互助、相互支持、平等友爱、共同前进。

第五，自主与监督的统一。市场经济得以确立和运行的最基本的前提就是市场经济主体有独立自主的权利和追求自身利益的自由。市场经济是法治经济、道德经济。要维护市场经济正常的运行秩序必须对市场经济主体的各种自主性活动进行有效的监督。监督代表秩序，代表社会公利和公理大道。因此自主与监督的关系实际上反映了各市场主体利益与社会整体利益的关系。自主权必须在法律法规所允许和规定的范围内行使，否则，如果每个人、每个地方和部门都片面强调自己的自主权利和自由，搞个人主义、小团结主义、本位主义、地方保护主义，置中央统一政令于不顾，不服从宏观调控的权威，不愿接受任何监督，为所欲为、违法乱纪，社会整体利益根本难以实现。

因此，各市场经济主体要保证自主行为的合法性和正当性，必须自觉接受社会监督、行政监督、法律监督和道德监督，以社会的公理大道来约束自己自主的求利行为，从而做到谋利有效，获利有义。

第六，经济效益与社会效益的统一。在社会主义市场经济条件下，社会生产领域不能不讲经济效益，但是，在注重经济效益的同时也要注重社会效益，社会主义是经济社会协调发展的社会，不只是追求经济繁荣，更要追求社会全面进步。因此，社会主义不允许任何地方、任何人不顾社会效益来谋求经济效益，不允许为了经济发展，而任“黄、赌、毒、黑”泛滥成灾，反对为求一时之利，不顾生态效益，任意污染环境，毁坏资源，危及他人利益、整体利益和人类长远利益。在经济效益与社会效益发生矛盾时，要以社会效益为重。特别是在社会精神生产领域更要以义制利，以义导利，把社会效益放在首位，因为，精神文化生产具有与物质生产不同的特点，直接关系社会主义精神文明建设的状况，不讲社会效益，让大量有害的“文化垃圾”和“精神毒品”充斥市场，必然腐蚀和污染人们的灵魂，危害无穷。

（四）社会主义义利观的基本特点

首先是历史性与时代性问题。社会主义义利观是在新的历史条件下根据社会主义实践和时代要求，重新拨正“利”与“义”天平上的砝码，批判地继承传统义利观的基础上形成和发展起来的。社会主义义利观既抛弃了封建主义主流义利观否定个人正当物质利益的错误倾向，又吸收了先义后利、见利思义、以义制利、以义导利、大义为先等处理义利关系的基本原则；既批判了资产阶级义利观的唯利是图，把个人利益放在社会整体利益之上，以个人利益作为处理各种利益关系标尺的错误，又吸收了资产阶级义利观重视物质利益的合理成分，因此，社会主义义利观既具有历史继承性，又具有时代的先进性。

我国正在建立社会主义市场经济体制。社会主义市场经济是人类历史上前所未有的制度创新。要促进社会主义市场经济和社会主义现代化事业的健康发展，必须要有一个充满时代性的观念创新，包括义利观的创新。社会主义义利观深刻地反映了社会主义市场经济条件下各种利益关系和义利关系，深刻地反映了社会主义实践的时代特点，准确地把握了时代脉搏，富有时代内涵，因而能够有效地说服人、掌握人，成为调节社会主义社会各种利益矛盾的价值导向。

其次是先进性与层次性问题。社会主义义利观在处理义利关系时对不同的对象，特别是对一般群众与党员干部有不同的要求，体现了先进性与层次性的辩证统一。要求广大群众在处理与他人的关系时，做到己所不欲，勿施于人，互利互惠、团结友爱、互助协作；在处理与集体和国家的关系时，能自觉考虑社会整体利益，爱岗敬业、尽职尽责，努力做到先公后私、公私兼顾、义利并重。

但是对于共产党员和领导干部则有更高的要求。共产党人讲利，最重要的是讲人民之利、社会之利；共产党人讲义，最根本的是讲党和人民的事业。党员和各级领导干部除国家制度和政策规定的个人利益外，绝不能利用职权谋求任何私利。在处理个人利益与群众利益时，要把群众利益放在第一位，关心群众比关心自己重，吃苦在前，享受在后，鞠躬尽瘁，死而后已。在处理公与私、个人利益与党和国家利益时，要做到无私奉献、克己奉公、公而忘私、大公无私，做到全心全意为人民服务，为了国家和集体的利益，为了人民大众的利益，必要时甘愿牺牲自己的利益甚至生命。

最后是规范性与导向性问题。封建主义义利观要人们“存天理、灭人欲”，否定民众个人的正当物质利益要求，为义务而义务，这种规范具有不合理性、强制性、不平等性和灭绝人性性。资产阶级义利观以个人利益为本位来处理各种利益关系，因此其义利观所起的规范和调节作用就较弱，大量的利益矛盾最后不得不通过市场经济价值规律这只“看不见的手”来解决。社会主义义利观以人民利益为本，在承认和尊重个人合法利益的前提下强调国家利益和人民利益高于个人利益，以此来引导、规范、监督和匡正人们的行为，指导人们处理各种利益矛盾，协调多元利益主体之间的关系，

因此，对人们的行为既具有很强的规范性、调节性和引导性，又具有适度性、有效性、广泛的人民性和平等性。社会主义义利观在价值导向上是一元的、鲜明的，它坚决反对拜金主义、利己主义、享乐主义和极端个人主义，提倡爱国主义、集体主义和社会主义。这有利于在价值取向多元化的情况下形成健康的经济社会生活秩序，形成团结互助、平等友爱、共同前进的人际关系。

三　我们应倡导以义导利

树立社会主义义利观，必须坚持义利统一，倡导见利思义，以义导利，以义节利。在当前，特别要正确认识和处理以下几个重大问题。

（一）坚持物质追求与精神追求的统一

物质生活是人们赖以生存和发展必不可少的基本条件，谋求物质利益也是人皆有之的客观现实和客观需要。而尊重和保护人们正当合理的物质利益，允许和鼓励人们通过诚实劳动和合法经营去争取美好富裕的生活，是符合社会主义本质要求的。

但是物质生活绝不是人生命的全部，对物质的占有和享受仅仅是人生价值追求的一部分，光讲物质追求远远不足以展示人生风采。对精神生活的向往，对高尚精神的追求，更能体现人之为人的本质和价值。其实，社会越发展，人们对理想信念的追求，对道德、荣誉、理解、友谊和知识等精神方面的需要和满足，就越具有重要位置。一个人只有有了高尚的理想、坚定的信念、强烈的事业心、良好的思想道德素养和科学文化素质，才能真正热爱生活、创造生活，才能真正体验人生的乐趣，领略人生的真谛和奥妙，一个没有精神追求只满足于物质追求的人，是充满铜臭的，其人生必然是空虚、苍白的，甚至是畸形的。

因此，我们必须坚决反对拜金主义、享乐主义和物欲主义，防止一些人因过分追求物质财富和物质享受，而滑入私欲膨胀、恶念滋生、贪婪成性的泥坑。要用健康的精神追求去引导人们的物质追求，把人们谋求物质利益的欲望升华为社会成就感、社会责任感和历史使命感，升华为提高自身素质和获得全面发展的强烈愿望和自觉追求，升华为投身于社会主义物质文明和精神文明建设的巨大热情。

（二）坚持求利目的与求利手段的统一

社会主义肯定追求个人合法权利的客观性和正当性，并允许、鼓励和提倡一部分人和一部分地区先富起来，但这并不意味着任何求利的目的都是正当和适宜的。更何况在人们对财富名利之欲的追求过程中还有一个如何获得的手段问题。

古人云："君子爱财，取之有道。"这个道，就是社会秩序、法律法规、道德规范、公义大道，是正当合法的手段、途径、方式和方法。只有合乎社会主义大道的求利要求，只有通过合理合法的途径，凭借合理合法的手段，来谋取自己的利益，才能达到最起码的"义"的要求，而任何违背社会法规和社会公德的取利行为，都是对他人和社会整体合理权益的侵害，都是对社会公道的践踏，都是不义之举。取不义之财，得非理之名，不可能得到社会的公认和肯定，即使得逞一时，也绝不可能得逞一世。

因此，我们要反对一切为了名利而不讲道义，利欲熏心、巧取豪夺、不择手段地谋取私利的行为，要用威严的法律和高尚的道德去制导人们的求利目的和求利手段，按道义行事，走正路，把人们自在的求利目的和求利手段升华为通过诚实劳动和合法经营获取正当利益的自觉行为，升华为互助协作、互利互惠、团结奋斗的精神，升华为自立自强的敬业创业精神。

（三）坚持个人利益与社会利益的统一

在社会主义社会，个人利益与社会利益从根本上说是一致的，而且是相互联系和相互促进的。因此社会主义社会充分尊重和保护公民个人的合法利益，并积极倡导人们为实现自己的合法利益而奋斗，不过对个人利益的追求和实现要有引导和规范，必须体现和关注集体主义的价值取向和社会利益原则，必须符合社会的共同利益，起码要以不损害他人利益、集体利益和社会利益为前提，不做见利忘义、保利弃义的行为。

当个人利益与社会利益发生矛盾时，我们坚持以社会利益为重，做到"先义后利""以义为上""大义为先"。以"见利思义""大义大德""天下之利"的高尚思想道德去引导个人利益，把人们追求个人利益的行为转化为有利于社会利益的义利互济行为，升华为造福于社会和人民的奉献精神。

（四）坚持获取与奉献的统一

社会主义肯定了根据按劳分配原则和社会主义市场经济等价交换原则来获取个人物质利益的正当性。列宁指出，只有在共产主义制度下，人们才会超出“冷酷地斤斤计较，不愿比别人多做半小时工作，不愿比别人少得一点报酬”的“资产阶级权利的狭隘眼界”。

而在社会主义制度下，“还应该规定劳动量和劳动报酬”，必须贯彻按劳分配原则。但这并不等于说一个人创造多少就要获取多少，如果这样社会就只能维持简单再生产，人类就根本无法前进。在现实生活中，那些嘲笑、鄙薄奉献精神，强调等价交换的人，往往并不是只要以自己等量劳动获取自己的等量报酬，而是想少奉献多获取，不奉献也获取。这种把索取、占有看得重于奉献，不思奉献、一味索取的行为，必然要占有他人的劳动，侵吞国家和社会的财富，这是一种蛀虫、寄生虫和社会败类的不义行为，是与市场经济公平交换原则相悖的，更与社会主义正义原则格格不入。

事实上，无论哪种社会都需要有奉献精神，人类社会正是依靠社会成员的奉献才得以延续和发展的。一个人也正是有前人和他人的奉献才能生存和进步。因此，他的价值也就在于他为时代和社会创造了什么、奉献了什么。我们要坚持有耕耘才有收获，有贡献才有价值，有创造才有享受的精神，树立奉献第一，奉献光荣的观念，树立少劳多得可耻，不劳而获可耻的观念。以社会主义的法律和道德来引导人们实现自己的合理利益，引导人们把获取自己利益的行为与为社会做贡献结合起来，把求利愿望升华为勤奋工作、乐于创造，乐于奉献、为人民造福的社会责任感、历史使命感和道德情操，以优秀共产党人无私奉献的高风亮节来感召大众，以不断净化人们灵魂，提高其思想境界。

四　人生的价值能用金钱来衡量吗[1]

改革开放前，由于受“左”的思想教条和一些传统观念的影响，人们往往安贫乐道，羞于谈论金钱问题。现在却不同了，越来越多的人开始讲究起聚财、生财和用财之道来；人们不但不回避金钱，而且想方设法多挣些钱。随着市场经济意识、商品货币意识、效率意识和竞争意识的确立，人们的金钱观念也越来越强化了。应该说，这是一种历史性的进步。

然而，大江奔流，泥沙俱下，鱼龙混杂，现在社会上有不少人走向另一个极端，开始信奉拜金主义，认为金钱无所不能，是人生的唯一价值，是人生奋斗的最高目标，金钱是真善美的化身和标准。有些人公开提出“人生价值要以‘含金量来衡量’”；有的人公然宣扬“只有向钱看，才能向前看”；有不少人仰慕“大腕”“大款”，视他们为“时代英雄”，甚至仰慕他们挥金如土的“潇洒气魄”。

显然，在拜金主义者那里，金钱的地位和价值高于一切，金钱就是“上帝”，他们把金钱的多寡同人生价值的大小混为一谈，使金钱的作用和人生的价值发生了扭曲。我们不否认金钱在现实生活中的重要作用，但金钱多少并不等于人生价值的大小，更不能成为衡量人生价值的基本尺度或最高标准。为什么这样说呢？原因有以下几个方面。

（一）要正确认识金钱的作用

金钱本身无所谓好坏善恶。在市场经济条件下，金钱（货币）是所有商品的一般等价物，也就是说，商品的价值和价格大都是通

---

① 本文原载《政工师》1997年第6期。

过货币来度量的。人们在日常生活中确实离不开钱。事实上，钱少未必是好事，不能说“越穷越光荣”；钱多也未必是坏事，不能说钱多就必定会“为富不仁”，金钱是万恶之源。通过合法、正当手段得到的钱，是衡量我们劳动成果的基本尺度。

大家知道，劳动创造是社会财富和社会进步的源泉，也是我们每个人过日子和提高自己素质的根本保证。我们参加各种各样的社会劳动，创造出一定的物质财富和精神财富，社会通过货币（金钱）形式给我们的劳动以一定的回报，然后用货币（金钱）去购买各种消费品以及其他方面的开支，使我们（家庭）得以生存和发展下去。因此，作为商品一般等价物的金钱，的确充当着衡量人们劳动质量、劳动成果和商品价值的尺度。

就这个意义上讲，一个人通过自己的劳动而获得金钱的多寡可以反映他付出的创造和对社会贡献的程度。这就是我们通常讲的按劳分配，多劳多得。谁付出的劳动多，劳动质量好，对社会贡献大，谁就应得到更多的报酬和尊重，谁就可能有更多的金钱和过上更好的生活。仅此而言，金钱、货币是体现人生价值的一种形式。

然而，即使如此，金钱、货币本身并不能衡量一个人的价值。因为，金钱、货币不过是人们劳动质量和劳动成果的量度形式，只有金钱、货币以及商品（产品）背后所凝结的劳动创造，才真正体现着一个人的知识、才能和价值。

因此，金钱、货币作为商品的等价物和交换的媒介，虽然它在商品生产、分配、流通、消费等经济活动中具有十分重要的作用，人们在现实生活中也总是这样或那样地离不开它，但金钱的作用是有限的，而不是无限的、万能的，一旦超出商品交换和经济生活领域，金钱、货币就不再具有等价交换的作用。金钱并不是整个社会普遍通行的、至高无上的绝对标准。一个人的价值是多方面的，人们的生活也是丰富多彩的，不能仅仅以金钱的多少来衡量我们的生活和人生价值。

（二）金钱能成为衡量人生价值的基本尺度吗

在发展社会主义市场经济条件下，我们是不可轻视更不能无视金钱的重要作用的。但是，不管金钱、货币在整个经济活动中的地位和作用如何重要，它都不能成为整个社会生活的一般等价物，也不能成为衡量人生价值的基本尺度。这是因为：

第一，人们获得金钱的多少既同自己的劳动有关，更同社会的经济、政治制度密切相连。我国目前实行以社会主义公有制经济和按劳分配为主体的经济制度，因而人们获得金钱收入的多少能较直接地反映人们付出劳动创造及其对社会的贡献程度。但在资本主义社会里，由于实行生产资料私人占有和按资分配的经济制度，因而人们实际获得的金钱收入多少并不能真实地反映人们的劳动价值。如果说金钱越多人生价值越大，那岂不等于说资本家比工人的价值大，谁剥削别人的劳动成果越多，谁的人生价值就越大了吗?

第二，在现实生活中，人们获得金钱的途径各不相同，有合法与否、合理与否的区别，因而用金钱的多寡来说明人的价值大小是不科学的。金钱可以通过人们的合法劳动正当获得，也可以通过行骗、抢劫、盗窃、卖淫、以权谋私、权钱交易得到；金钱既可以作为奖励先进、有功者的资金，又可以作为贪污、贿赂的赃款。一个人只有见利思义、见德思义、德在人先、义在人先、利在人后，始终把国家和人民的利益放在首位，把个人利益的实现建立在社会发展的基础上，通过自己的勤奋劳动和合法经营来谋取自己的实际利益，这才是有价值的。

反之，如果见利忘义，靠大肆贪污、受贿、偷税漏税、侵吞国有资产来发一己之财，这样的财是不义之财，只能算作人生价值的负数。通过无耻、邪恶、卑鄙、肮脏的手段获得的金钱，只能说明其人格的低下。它所表明的是对社会的危害程度，而不是贡献程度。如果不问钱是怎么来的，只讲钱的多少，并以多少来判定人生价值的高低，那么，“贪官”的人生价值就要比“清官”的人生价值高了，而且越贪其人生价值就越高了。这显然是荒唐的。

（三）如何用好金钱也与人生价值有关吗

钱有一个怎么来的问题，也有一个怎么用的问题，怎样让钱用得更有意义、更有价值，是很值得我们认真思量的。

纵观当今社会，我们不能不痛心地看到时下确有不少人手上有了些钱就胡乱花钱。金钱成为害人害己害社会的堕落诱饵，对人又有何积极价值可言呢？以造福社会、有益文明、同别人一起富裕为目的地用钱，钱的价值和人生价值就翻番，就有更大的意义了。

因此，从花钱角度讲，金钱也不能衡量人生价值，而要看钱的拥有者如何去用，钱花得是不是地方。显然，用钱之道不是由金钱本身决定的，相反倒是由人们的理想追求、人生观、价值观和道德情操决定的。

（四）无私奉献者的人生价值能用金钱衡量吗

在社会生活中，有许多不计报酬、不计名利地位的奉献者，像孔繁森、陈金水、王廷江、徐虎，以及千千万万在各条战线上忘我工作、默默无闻的模范人物，他们为建设祖国、保卫祖国所做出的重大贡献，所创造的巨大物质财富和精神财富，是根本无法用货币来计量的。特别是他们的模范行为和先进事迹给人们带来的感召和鼓舞作用，他们崇高的道德品质和忘我的献身精神的社会价值更是难以用货币来衡量的。

如果说金钱是衡量人生价值的标准，那么“百万富翁”王廷江把自己的工厂捐给集体这一无私奉献的壮举便“降低”他的人生价值了。社会工作是多方面的，有许多“分外”工作需要人们承担，而且大多数只能当无名英雄，无名无利。难道也要以金钱来衡量他们的价值吗？

（五）为什么说拜金主义的人生价值观要不得

拜金主义人生价值观是一种把金钱的作用绝对化、唯一化、至上化的观念和行为。信奉这种价值观的人认为金钱无所不能，主张“一切向钱看”，信奉“有钱能使鬼推磨”，把攫取金钱当作人生的唯一目的，甚至视金钱为衡量一切事物是否有价值的最高标准。他们将人世间的一切关系，都扭曲为赤裸裸的金钱关系，把一切都淹没在金钱至上的冰水之中。

在拜金主义人生价值观的驱动下，不少人和企业唯利是图，损人利己，坑害国家和他人。假冒伪劣产品屡禁不止，有的甚至视人民生命为儿戏。在他们那里，只要能捞到金钱，什么真假、是非、善恶、好坏、美丑，统统可以抛到九霄云外而不屑一顾；只要有钱，一切都可以颠倒，黑的可以说成白的，冰炭可以化为胶漆，仇敌可以相吻，只要能弄到钱，什么缺德无耻的事都可以心安理得地干出来；甚至区区几元钱就可以将小学生“出租”给“款爷”，为他送葬“哭孝”，使一颗颗纯真、幼小的心灵蒙受铜臭的污染。拜金主义价值观的浊流，也腐蚀了不少党政机关干部。一些干部见钱眼开，不知羞耻，搞权钱交易，以权谋私，腐化堕落，贪赃枉法，中饱私囊。有些部门不给钱不办事，给了钱乱办事，甚至有罪的也可以用钱来免罪。

在现实生活中，有些现象令人惊愕。为了钱，一些人可以不讲道德，不讲信誉，不要尊严，不要灵魂，不要良心，不要人格和国格；为了钱，一些人可以不惜坑蒙拐骗，不管别人死活，不顾法律，敢冒天下之大不韪；为了钱，夫妻可以反目，父子可以成仇，手足可以断裂；如此等，不一而足。拜金主义腐蚀了许多人，断送了不少人的前途，毒化了社会风气，其危害不可等闲视之，我们必须坚决加以抑制和反对。

（六）我们需要什么样的人生价值标准

显然，用金钱来衡量人生价值，势必陷入拜金主义泥坑，扭曲和贬损人的价值。我们知道，金钱、货币不过是身外之物，我们自己应该做金钱的主人，应该用金钱为自己的事业和弘扬自己的人生价值服务。

然而，在拜金主义者那里，金钱是至高无上的，人是渺小的；不是金钱（货币）为人服务，而是人为金钱献身；金钱不是人们生活的手段，而成为人生的目的。他们一味聚敛钱财，把追求金钱当作人生的最高理想和最大乐趣，金钱成为他们灵魂和生命的化身，除了金钱以外，他们便失去了人生的价值和意义。

因此，在拜金主义者那里，人生价值被金钱扭曲了，金钱成了一切的支配者，而人自己则成了金钱的奴隶，人生失去了应有的尊严和意义。

诚然，在经济活动范围内，人生价值确实包含着某种“含金量”，但把人生价值完全归结为物质财富、金钱的多少，那就大错特错了。因为，人生价值不仅应从外在的物质金钱上去衡量，更应从内在品德、崇高理想、人格尊严、做人为人上去衡量；不应从获得和占有金钱的多少去衡量，更应从事业和为他人、为社会的创造贡献上衡量。而这后两个方面是无法用金钱来度量的，也是多少金钱都买不来的，是无价的。古往今来，多少志士仁人，为了祖国繁荣、社会进步，为了他人和社会利益，不惜牺牲身家性命，他们的追求、品格、精神和行为难道能用金钱去评价吗？当然不能。

一个人的一生过得是否更有意义、更有价值，最主要的是要看他为人民做了多少有益的事，为社会进步创造和奉献了什么。我们要为人民服务，我们认为，正确的人生价值标准只能是“为人民服务”。我们为社会创造了物质和精神财富，奉献了自己的智慧和才能，做了有益的事，我们的人生就是有价值、有意义的。革命烈士萧楚女说得好："一个人生在世上就像这支蜡烛。假若不替社会做些有益的事情，无声无息地活着，就好像这支蜡烛未点燃一样。"金钱换不来"生的伟大，死的光荣"；金钱也换不来"富贵不能淫，贫贱不能移，威武不能屈"；金钱更不能代替真善美。一个人的生命有长短，只要为人民服务，人生就是崇高的；一个人的才能有高低，只要为人民服务，人生就是辉煌的。为人民服务既伟大又平凡，既高尚又普遍。毫不利己，专门利人，无私奉献是为人民服务；干一行，爱一行，兢兢业业做好本职工作是为人民服务；同志之间互相关心、互相爱护、互相帮助是为人民服务；热心公益，助人为乐，扶贫帮困，扶残助残也是为人民服务。

我们只有把自己的所作所为融入为人民服务的伟大实践中，为社会多做有益的事，人生才能更加亮丽、更加光彩照人。

五　拜金主义还是要反对的①

在改革开放和社会主义市场经济深入发展的今天，要坚持有中国特色社会主义的理想、信念、价值观和人生观，就必须旗帜鲜明地反对拜金主义，理直气壮地提倡艰苦创业、无私奉献的精神。

（一）拜金主义是市场经济的必然伴生物吗

改革开放以来，拜金主义逐渐为一些人所推崇，甚至奉为圭臬。有些人还认为，发展社会主义市场经济就必然要"一切向钱看"，搞市场经济，拜金主义就不可避免。似乎社会主义的理想、信念、价值观、道德观和人生观已不适应社会主义市场经济发展的需要，要发展社会主义市场经济就只能付出拜金主义泛滥的代价。

事实果真如此吗？答案显然是否定的。

---

① 本文原标题"反对拜金主义，倡导奉献精神"，以笔名刊于《中国教育报》1994年8月17日。

首先，在发展社会主义市场经济条件下，人们效益观念、利益观念和金钱观念的增强，并非必然导致拜金主义，更不等于倡导拜金主义。从一定意义上讲，社会主义市场经济是一种效益经济，它尊重和保护各经济主体的独立权益；遵循价值规律和市场竞争原则；激励人们以最小的投入去获得最大的产出；财税、金融和法律成了政府调控经济运作的主要手段，这一切都决定了人们的利益、效益和金钱观念的强化和金钱、货币在社会生活中作用的加强、扩大。这是一种客观事实和发展趋势。

其次，社会主义市场经济条件下的利益、效益和竞争原则以及金钱的作用，其适用范围是有一定限度的；而拜金主义视“金钱万能”，把金钱关系引入社会的一切领域。社会主义市场经济条件下利益、效益和金钱的获取，必须通过劳动和其他合法正当的方式来实现，而拜金主义的一个基本特征，就是“金钱至上”，不择手段地捞钱。

社会主义市场经济条件下的利益、效益和财富及其作为它们等价物的货币、金钱的获得及其作用的发挥，不是以个人为本位和基本价值取向的，而主要是以集体、社会为本位和基本价值取向的；而拜金主义是一种“以自我为中心”的个人主义和利己主义。保护和鼓励人们合法正当地获得更多的经济利益，创造更好的经济效益和更多的物质财富，是社会主义市场经济发展的必然要求和重要目标。

最后，社会主义市场经济还要体现社会主义的价值理想，体现我们社会制度的优越性，还要遵循社会主义道德原则，兼顾社会公平和社会成员的共同富裕，促进社会的全面进步，等等；而拜金主义则把攫取金钱作为人生和一切行为的唯一目的，只要能捞到钱，什么党纪国法、伦理道德都可以不顾。

因此，社会主义市场经济条件下的利益观、效益观、竞争观、金钱观与拜金主义是有本质区别的。

（二）拜金主义与市场经济有必然联系吗

拜金主义作为一种价值观念和社会思潮，它存在和演变的经济根源并不是市场经济，而在于生产资料的私有性质和在商品经济、市场经济活动中货币（金钱）的一般等价物的“万能”作用。

如果一个社会的思想文化、伦理道德只崇尚私有观念和个人价值，或者不抑制它们的消极作用，那么，社会财富的私有制和私有观念同金钱拜物教（对社会财富等价物——货币的自发崇拜）的结合，就必然导致拜金主义。

由此说来，以生产资料私人占有制和个人利益为社会价值取向的资本主义条件下的市场经济，才会引导人们“一切向钱看”，搞拜金主义。社会主义市场经济同资本主义市场经济在制度条件、经济主体、社会环境和精神文化保证等方面都有本质的不同，它不会必然地导致拜金主义，更不会容忍和提倡拜金主义。

当然，我们说市场经济，特别是社会主义市场经济同拜金主义没有必然联系，并不是说它们之间就没有任何一点儿联系。事实上，在一定历史条件下，比如在我们今天的现实生活中，发展社会主义市场经济有可能为一些人奉行拜金主义提供了某种社会条件。但这仅仅是滋生拜金主义的社会条件之一，而且只在一部分人身上才会产生这种负面效应。

（三）能否说拜金主义是社会主义市场经济的异己力量

就其实质而言，拜金主义不是社会主义市场经济的必然伴生物，相反，它是破坏和干扰社会主义市场经济健康发展的“异己力量”。拜金主义崇金损人，视金钱为“真善美”，把金钱看作人生的最高目标，具有顽固的疯狂性和极大的破坏性，它冲击机会均等的市场原则，扭曲市场机制，制造社会不公正，破坏法制，败坏社会风气，造成社会财富和资源的巨大浪费。

如果听任拜金主义泛滥，人类社会一切积极的道德理想将会沦丧，正常的社会秩序将会破坏。而社会道德规范、市场正当竞争原则、稳定的社会环境等，都是社会主义市场经济正常运行的必要条件。因此，拜金主义是同社会主义市场经济健康发展背道而驰的一种破坏力量，反对拜金主义是社会主义市场经济的内在要求；不反对拜金主义，社会主义市场经济就不可能健康、顺利地发展。

（四）我们发展市场经济与倡导奉献精神有矛盾吗

树立社会主义的理想、信念、价值观和人生观，反对拜金主义、享乐主义和极端个人主义的一个重要内容和目标，就是在发展社会主义市场经济的条件下，必须大力发扬和倡导全心全意为人民服务的奉献精神。

首先，发展社会主义市场经济同奉献精神不是对立的，而是统一的。有人认为，市场经济的基本规律就是要追求利润、追求效益，因此，只有“一切向钱看”“一切为人民币服务”，才合乎情理，才是我们的时代精神。其实，这是对社会主义市场经济、对为人民服务和无私奉献精神的误解。不错，在市场经济活动中，一切经济组织和单位，都必须讲究效益，追求利润，人们也要关心和追求个人的经济利益。

但这同为人民服务、为社会做贡献的精神，并非是不相容的。因为，社会主义市场经济条件下的一切经济关系和利益关系，都是以兼顾个人、集体和国家三者利益的统一为原则的，并且在三者发生矛盾时，要求个人利益、局部利益服从集体的、国家的和全局的利益，发展社会主义市场经济，自然要强调效益，允许一部分人通过合法的、正当的方法先富，但它也兼顾社会公平，提倡共同富裕；一切经济单位和个人既有充分的经济权益，又有相应的社会责任，在追求经济效益的同时，必须顾及社会效益，在追求个人和单位利益时，不得损害国家和社会的利益，并且还要为社会的进步和发展承担一定的义务；发展社会主义市场经济的根本目的，是满足人民日益增长的物质文化需要，这里就蕴含着为人民服务、为社会做奉献的精神。

诸如此类都说明，发展社会主义市场经济同坚持为人民服务和无私奉献精神是可以统一的。对个人利益的追求，应该有利于他人和社会，而绝不能损害社会利益；在市场经济活动中对经济效益的追求，应该与对社会做奉献、造福于人民的精神相结合。这两者的统一，才是我们社会所需要的价值导向。

因此，在社会主义市场经济条件下，全心全意为人民谋利益，无私奉献，忘我奋斗，为了国家、民族和人民的利益，不惜牺牲个人利益乃至生命，仍然是我们必须继承和发扬的时代精神。

其次，社会主义市场经济的顺利发展离不开倡导积极向上的奉献精神，提倡和弘扬奉献精神不但不同市场经济的规律相背离，而且是市场经济顺利发展的重要条件。因为，建立社会主义市场经济体制是一场伟大的社会变革，不能不涉及利益关系的广泛调整，如果没有报效祖国的宏图大志，没有无私无畏的献身精神，要调动广大党员和人民积极投身于这场变革实践，并正确对待和处理利益关系的调整，尽快地建立起充满活力的社会主义市场经济体制，是十分困难的。我国的市场经济体制才刚刚开始建立，既缺乏实践经验，又缺乏成熟的规范的准则，如果没有奉献精神，人人只是索取而不贡献，只是为个人捞实惠而不讲社会责任，甚至损人利己、尔虞我诈、挥霍浪费、奢侈成风，那么，建立社会主义市场经济这一伟业就可能被葬送在襁褓之中。

最后，社会主义市场经济要健康发展，仅仅依靠市场机制本身是远远不够的，市场经济的健康发展需要强大的精神动力，稳定的社会环境，良好的职业道德，积极的进取精神和高度的社会义务感、责任感等，这一切都要求我们必须弘扬奉献精神，如果不讲一点儿奉献，唯个人利益是图，拜金主义思想滋长，社会物欲横流，道德败坏沦丧，社会主义市场经济当然不可能健康持续地发展。因此，倡导奉献精神既是社会主义精神文明建设的重要任务，也是社会主义市场经济顺利发展的内在要求。

（五）我们的崇高理想和事业需要大力倡导奉献精神

奉献精神是社会主义理想、信念、价值观和人生观的重要表现，共产党人无论何时何地都应该为解放无产阶级和全人类的共产主义事业而无私奉献，忘我奋斗。奉献精神也是每个社会成员尤其是社会中坚力量对社会的责任意识的体现，具有永恒的社会价值和积极的进步意义。

现在，我国还处在社会主义初级阶段，还是一个低收入的国家；我们正处于社会主义现代化和建设有中国特色社会主义事业的全面创业的初始阶段，今后的事业更艰巨宏伟，创业的道路更艰难长远，需要我们发扬艰苦奋斗、无私奉献的精神，去创造更辉煌的成就，使中华民族始终自立于世界民族之林。我们倡导艰苦创业、无私奉献的精神，还因为有没有这种精神，直接关系我们事业的兴衰成败，直接体现着我们民族的精神风貌，直接表现着我们民族的向心力和凝聚力，直接表现着我们时代的生命力和创造力。

如果让拜金主义、利己主义、享乐主义和极端个人主义思想泛滥成灾，那么，我们的理想就会成为泡影，我们的事业就将半途而废，我们的前途将毁于一旦。

六　还是要有艰苦奋斗的创业精神[①]

艰苦奋斗的内涵有三个层次：既要求生活上要勤俭节约，朴素实在，又要有崇高的理想、坚定的目标，昂扬向上的民族精神和积

① 本节发表于《浙江日报》1993年8月10日。

极健康的世界观、人生观和价值观，还要有不畏艰难，不怕困苦，奋发有为的开拓创造精神。

求奢侈、图享乐之风的蔓延，侵蚀人们的心灵，瓦解人们的斗志，败坏社会的风气。此风刹不住，中华民族兴旺发达的希望将成为泡影。

一个民族、一个国家想要由穷变富、由弱变强，没有勤俭节约的美德和艰苦奋斗的精神是万万不可能的。

该不该继续发扬艰苦奋斗精神，似乎用不着费什么笔墨。因为，肯定的答案是明摆着。差不多人人都知晓这样的常识：但凡一个人事业的成功，一个民族的振兴，一个国家的富强，都不能不经过艰苦的努力和奋斗。

但常识归常识，是否人人都接受它或者身体力行，那就不见得了。一个时期以来，艰苦奋斗精神在一些人的思想中淡忘了，有的人甚至把它视为过时了的“老套套”而不屑一顾；社会上还曾一度刮起奢侈摆阔、贪图享乐之风。

如此看来，讨论一下发扬艰苦奋斗精神的必要性，恐怕不是没有现实意义的。

（一）正确把握艰苦奋斗的科学内涵

有人说，“艰苦奋斗”是个大字眼，是党和政府的大方针，与己不太搭界。其实，艰苦奋斗是党和国家的大方略，严格地讲，它同人人都相关，事事有联系。

也有人说，艰苦奋斗无非提倡节约、俭朴，吃差一点儿，穿旧一些。其实，艰苦奋斗虽然包括倡导勤俭之风，但不等于“吃差”“穿旧”，它包含着更丰富、更本质的东西。

还有一些年轻朋友说，艰苦奋斗是过时了的旧观念、老一套，已不合时宜，该“光荣引退”了。我们说，艰苦奋斗是中华民族世世代代所崇尚的传统美德，是共产党人在革命战争年代就确立和倡导的优良作风，历经数千年而不曾“老化”和“过时”，但它在不同的时代有不同的特点，并需不断地赋予新的活力和意义。

人们之所以对艰苦奋斗在新的历史时期的作用产生这样或那样的模糊认识，一个重要原因是对艰苦奋斗缺乏全面、正确的把握。因此，有必要先来谈谈艰苦奋斗的基本含义和内容。

所谓艰苦奋斗，简单说，就是人们为达到一定的理想和目标而不畏艰难困苦、奋发努力、积极拼搏的精神和行动。它一般包括相互联系的三层内容：一是在生活上要勤俭节约，朴素实在，丰富但不奢侈，多彩但不浮华，改善但不浪费，要量入为出，不追求脱离实际的“高消费”。二是在信念上要有崇高的理想和抱负，有坚定的奋斗方向和目标，有昂扬向上的民族精神和社会风尚，有积极健康的世界观、人生观和价值观。三是在工作上要不畏艰难，不怕困苦，扎实勤劳，努力拼搏，奋发有为，谋事立业，开拓创造，多做奉献，不屈不挠，勇往直前。显然，这三个方面的内容是有机统一的。

由此可见，我们提倡艰苦奋斗，不是要人们过清苦日子，而是要提倡发扬自强不息、励精图治、朝气蓬勃、锐意进取、富于开拓、勇于创造、知难而进、勤奋实干的创业精神，主要是从民族前程、时代未来、社会风尚、精神面貌的视野，从开拓新事业、创造新业绩、进入新境界、迈上新台阶的高度，讲艰苦、讲奋斗的。这样一种艰苦奋斗的创业精神于个人的进步、国家的兴旺和社会的发展，都是极为重要的，不可缺少的，而且也是我们抵制拜金主义、实惠主义、享乐主义、极端利己主义和个人主义的有力武器。

（二）求奢侈图享乐之风不可长

也许有不少朋友会说，我们已经活得够“艰苦”、够“艰难”的了，有可能何不潇洒一些。对此，笔者并不反对。总地来讲，眼下我国绝大多数人生活水平虽比 10 年前有了较大提高，但还谈不上富足，无论工作还是生活都得继续“艰苦奋斗”。

然而，一个时期以来，社会上的一些人、一些事已不只是“潇洒走一回”，而是“潇洒”得可以，甚至刮起一股追求奢侈、贪图享乐的歪风了。这股风不但为国人所瞩目和担忧，而且连国外也有不少人深感惊异和不解，认为中国有些人已“消费过热”“消费狂热”了。特别是近年来“发”起来的“大款”们，着意要独领生活消费的“时代新潮流”。他们自诩“富裕阶层”“消费贵族”而趾高气扬、如痴如醉。他们中的一些人，吃则山珍海味、穿则高档名牌，住则星级宾馆，行则进口轿车，动辄一掷千金，沉醉于灯红酒绿之中。有的人精神十分空虚，寻求无聊、低级的感官刺激，迷恋于赌博吸毒、嫖娼纳妾、打架斗殴……还有的人可谓穷奢极欲，纸醉金迷；竞相斗富显阔，非但不崇尚节俭，反而以挥霍浪费为荣；有些“大款”们居然别出心裁，以掷碎“路易十四”洋酒来取乐，把人民币卷成鞭炮燃放来比阔，抬价拍出 35 万元包办一桌酒席来斗富，张口喊出 2 万元点唱一支歌来显威……

如果说这些“大款”们斗阔摆富，主要花的是他们自己赚的钱（尽管其所作所为势必污染社会风气），别人无须多加过问、指责（违法的当然要惩处）的话，那么，各种各样的“奢公”现象不可不“口诛笔伐”。这些年，有的地区、部门和单位花钱大手大脚，讲排场，摆阔气，比豪华，显富贵，挥霍浪费成风，贪图奢侈成势；用大把大把的公款请客送礼，大吃大喝，游山玩水，出国旅游。据统计，1992 年全国由吃喝、旅游而花掉的公款突破了千亿元大关，而同年的财政赤字是 237.49 亿元。这种慷公家之慨、假公济私、损公肥私、以权谋私、中饱私囊的歪风邪气，早已成了一种社会公害，腐蚀了一些共产党员和领导干部，严重损坏了党和政府的形象，正日益引起人民群众的强烈不满。

显然，求奢侈、图享乐之风毕竟是少数人的所作所为而酿就的一股污浊暗流，但其危害和后果却不可小视。如任其蔓延泛滥，不但会侵蚀人们的心灵，瓦解人们的斗志，败坏社会的风气，而且还会葬送掉社会主义事业，使中华民族的兴旺发达成为泡影。

（三）艰苦奋斗的创业精神不可少

艰苦奋斗，是先进的世界观、人生观和价值观的外在表现，是一个人保持积极向上的精神风貌所不可缺少的，更是人们事业成功的基本条件，社会振兴和进步的基本保证。

“历览前贤国与家，成由勤俭败由奢。”

“豪华尽出成功后，逸乐安知与祸双。”

唐代诗人李商隐和宋代政治家王安石道出了历代兴衰的教训。细细品味，实在是令人深思的。一个国家、一个社会的“成与败”“兴与衰”的因素固然很多，但“节俭与奢侈”“勤劳与逸乐”无疑是重要原因之一。人类历史上的无数事实说明，一个民族、一个国家要想由穷变富、由弱变强、由落后变为先进，没有勤俭节约的美德，没有艰苦奋斗的精神，不埋头苦干，不奋发努力，是万万不可能的。同样，一个人、一个企业，要想有所创造，有所成就，有所进步，也离不开脚踏实地地奋斗、拼搏。要想成事创业而不想付出心血汗水；要想“功成名就”而又不愿艰苦奋斗，世界上恐怕还没有这等“潇洒”的事儿。

我们之所以仍需大力弘扬艰苦奋斗的创业精神，是因为我们国家还很落后，还只是处在社会主义初级阶段，还只是一个低收入的发展中大国。1991 年我国人均国民收入才 1725 元。据统计，1990 年中国大陆人均国民总收入为 370 美元，而当年全球人均是 4200 美元。在我国，人民生活才刚刚由温饱迈向小康，还有相当一部分老、少、边、穷地区的人民连温饱问题都没有解决，我们有什么理由追求奢侈、贪图享乐，而不崇尚俭廉、加倍奋斗呢！就是我国将来富裕了、发达了，也仍然需要有艰苦奋斗的创业精神。不然，中华民族就不可能自立于世界先进民族之林。

我们需要艰苦奋斗的创业精神，是因为眼下我国正处于全面创业的关键时期。我们的社会主义现代化，我们的改革开放，我们的中国特色社会主义，我们的社会主义市场经济……我们的一切事业都处在全面创业的初始阶段。虽然我们也曾取得了一些辉煌的建设成就，但总地来说还没有可以“自满自足”的资本。创业维艰，唯其艰苦，才能孕育出新的更大的成功和灿烂的前景，才能更显示出人们的创业智慧和创造才干。

我们需要艰苦奋斗的创业精神，不仅因为我国还很穷、很落后，也不仅因为我们的事业正处于创业阶段，而且更为重要的是，创业还是享乐，艰苦奋斗还是奢侈浪费，崇俭尚廉还是挥霍摆阔，实在是直接体现一个国家、一个民族、一个人的文明素质和精神风貌，直接反映一个社会、一个时代是否有凝聚力、向心力和发展的精神动力。

一个社会、一个国家、一个民族、一个人都应该有点精神，有自己的“灵魂”和“支柱”。艰苦创业、积极进取、自强不息、知难而进、奋力拼搏、勤劳实干、厉行节俭、清正廉洁、克己奉公、竭诚奉献，正是一个国家、一个民族乃至一个人有朝气、有生机、有活力、有希望的重要标志。我们要想有所作为，要想自立于当代世界，要想赶上发达国家，要想不落后于历史发展潮流，要想把建设有中国特色社会主义的事业不断推向前进，就必须保持一种奋发向上、艰苦创业的精神风貌，就必须确立起倡俭崇实、埋头苦干的社会风尚。如果让拜金主义、享乐主义、利己主义思想泛滥；让大操大办、大吃大喝、大吹大擂、挥霍奢侈、贪财挥金风气蔓延，那么，我们的事业就将半途而废，我们的光明前途也将毁于一旦。

我们的事业、我们的使命、我们的时代、我们的未来，需要我们去艰苦奋斗，需要我们有一股勤俭创业的伟大精神。但愿艰苦奋斗的创业精神永远伴随着我们的前进步伐，去迎接更加美好的明天。

后　　记

《自由·代价·价值》，多数文稿写于20世纪八九十年代。显然，文章带有当年的时代烙印，在今天看来，无疑有一定的局限性。但为尊重历史、尊重自己的思想历程，此次汇编时除标题和个别文字外，思想观点和论证论述都一概未动。即使连自己都不太满意的地方，也不作修改。这样，也许人们从中可以看到思想理论穿越时空的力量，也可以发现思想理论的时代局限性。

这里需要说明的是，有些文稿是与同事合作的，有些是以笔名发表的。弹指间30多年过去了，回想起来，我由衷地感谢帮助过我的诸多报刊杂志的编辑们！感谢我的同事李火林、杜大宁、郭祥才等合作者！感谢王智媛、施伟榴、陈允栋、李金国、胡旦、李佳威等同志为本书编辑所付出的劳动！

感谢浙江省社会科学联合会为本书出版提供了资助！

中国社会科学出版社的赵剑英社长为本书的出版倾注了心血，责任编辑喻苗等同志付出了大量劳动，深致谢意！

王永昌

2017年5月